Günter Amendt
Die Legende vom LSD

GÜNTER AMENDT

DIE LEGENDE VOM LSD

Zweitausendeins

1. Auflage, Februar 2008.

Lektorat: Werner Heine.
Umschlag: Felix Reidenbach.
Satz und Herstellung: Dieter Kohler GmbH, Wallerstein.
Druck: Gutmann + Co GmbH, Talheim.
Einband: Druckerei Auer, Donauwörth.
Printed in Germany.

Dieses Buch gibt es nur bei Zweitausendeins im Versand, Postfach, D-60381, Frankfurt am Main, Telefon 069-420 8000, Fax 069-415 003. Internet www.Zweitausendeins.de, E-Mail Service@Zweitausendeins.de. Oder in den Zweitausendeins-Läden in Berlin, Bonn, Bremen, Darmstadt, Düsseldorf, Essen, Frankfurt am Main, Freiburg, Gütersloh, 2× in Hamburg, in Hannover, Karlsruhe, Köln, Leipzig, Mannheim, Marburg, München, Nürnberg, Oldenburg, Stuttgart und Tübingen.

In der Schweiz über buch 2000, Postfach 89, CH-8910 Affoltern a. A.

ISBN 978-3-86150-862-5

Über die sechziger Jahre zu sprechen,
ohne über … LSD zu sprechen, heißt,
sich eines höchst unredlichen Geschichts-
revisionismus schuldig zu machen.

Tom Robbins

We sit here stranded,
though we're all doin' our best to deny it.

Bob Dylan

1

»Plötzlich wurde ich merkwürdig berauscht. Die Außenwelt verwandelte sich wie in einem Traum. Die Gegenstände erschienen immer reliefartiger, sie nahmen ungewöhnliche Ausmaße an; und die Farben wurden leuchtender. Sogar die Selbstwahrnehmung und das Zeitgefühl waren verändert. Blieben die Augen geschlossen, so kam ein ununterbrochener Strom phantastischer Bilder von außerordentlicher Plastizität und Lebendigkeit über mich, die von einem intensiven kaleidoskopartigen Farbenspiel begleitet waren. Nach zwei Stunden etwa verschwand die nicht unangenehme Berauschtheit, welche ich erlebt hatte, während ich bei vollem Bewusstsein war.«[1]

Nüchtern betrachtet ist diese Notiz des Schweizer Chemikers Albert Hofmann das Protokoll eines Laborunfalls. Man kann Hofmanns Erzählung allerdings auch als eine Art Gründungsdokument der psychedelischen Bewegung lesen, die sich zwei Jahrzehnte später konstituieren und über den Globus verbreiten sollte. Denn es handelt sich um die erste Schilderung eines LSD-Trips – notiert am 16. April 1943.

Zwar hatte Hofmann bereits 1938 gemeinsam mit einem Forscherteam des Basler Pharmakonzerns Sandoz das Alkaloid des Mutterkorns synthetisiert – die Forscher waren auf der Suche nach einem den Kreislauf und die Atmung stimulierenden Stoff –, doch bis zur Entwicklung eines marktreifen Produktes gegen Migräne war der Weg noch weit.

Als sich Hofmann fünf Jahre später erneut ins Labor begab, um seine Arbeit an den Alkaloiden des Mutterkorns fortzusetzen, unterlief ihm aus Unachtsamkeit ein schwerwiegender Fehler. Beim Hantieren mit Lysergsäure, die er rekristallisieren wollte, kam er mit der Flüssigkeit in Berührung. Über die Haut oder über die Atemwege aufgenommen, geriet die Substanz in seinen Blutkreislauf und versetzte ihn in jenen rauschhaften Zustand, der, wie er berichtet, die Außenwelt in einen Traum verwandelte. Hofmann hatte die psychotrope Wirkung des Mutterkornalkaloids entdeckt. Per Zufall. Weil er unsauber gearbeitet hatte. Noch war ihm nicht bewusst, dass er die potenteste aller psychoaktiven Substanzen, die je synthetisiert wurden, gefunden hatte. Denn als er beschloss, in einem wissenschaftlich kontrollierten Selbstversuch zu wiederholen, was ihm drei Tage zuvor absichtslos unterlaufen war, beging er erneut einen Fehler. Er erwischte eine Überdosis. Er hatte die Potenz der Substanz, die unter dem Namen LSD-25 schon bald Weltkarriere machen sollte, unterschätzt.

Diesmal waren die Sinnestäuschungen und Wahrnehmungsverzerrungen sehr viel extremer als beim ersten Mal. In Anwesenheit eines Laborassistenten hatte er um »16.20 Uhr: 0,25 mg (Milligramm) LSD oral eingenommen«. Um 16.50 Uhr notierte er: »Keine Spur einer Wirkung«. Zehn Minuten später: »Leichte Schwummrigkeit, visuelle Störungen, betonte Lust zu lachen.«[2] Die Lust am Lachen sollte ihm jedoch schon bald vergehen. Hofmann verlor jede Kontrolle über Zeit und Raum, und er wurde von der Angst übermannt, verrückt zu werden. Auch körperlich war er schwer angeschlagen: »Die Gesichter der Anwesenden erschienen wie grotesk gefärbte Masken; starke emotionale Bewegtheit wechselte sich mit Parese ab; Kopf, Rumpf und Extremitäten bisweilen kalt und taub; ein metallischer Geschmack auf der Zunge; Kehle trocken, wie zusammengeschnürt; Erstickungsgefühl; Konfusion im Wechsel mit klarer Einschätzung der Lage.«[3] Es handelt sich um die erste Schilderung eines Horrortrips auf LSD – notiert am 19. April 1943.

Das Dosierungsproblem hatten Hofmann und seine Kollegen schon bald im Griff. Das ist Labor-Routine. Und so hatte Sandoz quasi aus Versehen ein vielversprechendes Psychopharmakon im Angebot. In Form von kleinen purpurfarbenen Pillen oder als Klarlösung in Ampullen wurde es unter dem Namen *Delysid* auf den Markt gebracht. Der Konzern hoffte, diesen neuen Typus von Bewusstseinsdroge vermarkten zu können wie Barbiturate und Tranquilizer, die in den fünfziger und sechziger Jahren den Markt für Pharmadrogen zu erobern begannen.

An eine Massenproduktion von LSD-25 war jedoch nur zu denken, wenn es gelingen würde, das Rohstoffproblem zu lösen. Das Mutterkorn, ein Pilz, findet sich auf Roggen, Weizen, Gerste und Hafer. Der Verzehr führt zu schweren Vergiftungen mit tödlichem Ausgang. Ganze Landstriche wurden im Mittelalter entvölkert, weil alles Mehl in der Region kontaminiert war. Erst die Errungenschaften der Agrartechnologie und die Innovationen der Agrarchemie hatten den Roggenrost verschwinden lassen. Und das wurde für Sandoz zu einem Problem. Die Rohstoffbeschaffung war gefährdet. Um den Nachschub von Ergotamin, dem Hauptalkaloid des Mutterkorns, zu sichern, musste der Einsatz von Unkrautvernichtungsmitteln in der Landwirtschaft unterbunden werden. Also veranlasste Sandoz ausgewählte Landwirte, ihre Felder mit Mutterkorn zu vergiften. Gegen Ausgleichszahlungen, selbstverständlich.

Anfang der sechziger Jahre gelang es dann, das Mutterkorn im Silo zu züchten. Jetzt war der Nachschub gesichert und eine Großproduktion möglich. Weil die Anleitungen zur Kultivierung von Mutterkorn leicht zu beschaffen waren, sollte es Jahre später, als LSD verboten wurde, auch Garagenchemikern gelingen, die illegale LSD-Produktion aufzunehmen.

Sandoz war von Anfang an großzügig bei der Abgabe von Proben für die wissenschaftliche Forschung. Denn wo genau, bei welchen Krankheiten und bei welchem Krankheitsbild das neue Medikament eingesetzt werden sollte, musste erst im Feldversuch geklärt werden. Allein in den USA gab Sandoz Pharmaceuticals für den Versand von LSD und Psilocybin (Pilz-Alkaloid, »Zauberpilz«) mehrere Millionen Dollar aus. An die Droge beziehungsweise das Medikament zu gelangen war ziemlich einfach. Ein akademischer Grad, ein Universitätsbriefkopf – und schon war man im Verteiler.

Bald wurden die ersten Studien veröffentlicht, die von ermutigenden Behandlungsergebnissen bei Schizophrenie und Depression berichteten. Auch zur Behandlung von Süchten – hier vor allem von Alkoholismus – schien LSD-25 bestens geeignet. Heilerfolge wurden auch bei Arthritis, partialen Lähmungen, Migräne und einer Vielzahl von Hauterkrankungen registriert. Bis Mitte der sechziger Jahre wurden über tausend Veröffentlichungen in angesehenen Fachzeitschriften gezählt, die den Ruf der neuen Substanz in der akademischen Welt beförderten.

Die erste wissenschaftliche Konferenz über LSD fand 1959 statt. Diese von der Josiah Macy Jr. Foundation geförderte Konferenz war, wie Teilnehmer berichten, getragen von einem Geist des Optimismus. Endlich hatte man eine Substanz zur Verfügung, die tiefe Einblicke in das Seelenleben eines Menschen gestattet, ein chemisches Hilfsmittel, das Menschen in die Lage versetzt, Kindheitserinnerungen zu aktivieren und Traumata in außerordentlicher Klarheit zu erkennen. Was für eine Aussicht für die wissenschaftliche Forschung und welche Chance für die Behandlung von psychisch Kranken! Die kühnsten Phantasien gingen von der Vorstellung aus, mit Hilfe von LSD eine Psychose für einen Zeitraum von mehreren Stunden künstlich herzustellen. Man nannte das eine Modellpsychose und hoffte, auf diese Weise Einblicke in die biochemischen und physiologischen Vorgänge bei einer Psychose zu gewinnen. Und man hoffte, was für die Vermarktung wichtig war, mit Hilfe von LSD-25 therapeutische Prozesse beschleunigen und verkürzen zu können.

Kanadische Forscher, die mit Alkoholkranken experimentierten, hoben in ihrem Forschungsbericht den ökonomischen Aspekt ausdrücklich hervor: »Unsere Schlussfolgerung nach 13 Forschungsjahren besteht darin, dass richtig angewandte LSD-Therapie eine große Zahl von Alkoholikern in nüchterne Gesellschaftsmitglieder verwandeln kann… Sogar noch wichtiger ist die Tatsache, dass dies sehr rasch bewerkstelligt werden kann, und deshalb ist diese Methode auch noch sehr ökonomisch. Während bei der Standard-Therapie ein Bett zur Behandlung von nur vier bis sechs Patienten pro Jahr genutzt werden kann, lassen sich mit LSD leicht bis zu 36 Patienten pro Bett im Jahr behandeln.«[4] Die Konferenzteilnehmer hielten es jedenfalls für vertretbar, diese hochpotente Substanz als Hilfsmittel der experimentellen Psychologie einzusetzen.

Ein heikles Problem, damals wie heute: die Dosierung. Sie hängt nicht nur vom Körpergewicht und Stoffwechsel des jeweiligen Patienten ab. Psychiater und Psychologen, die mit LSD arbeiten wollen, müssen bei der Dosisfestlegung zusätzlich berücksichtigen, dass noch andere Drogen im Spiel sein können. Damals, in den fünfziger und sechziger Jahren, galt die Faustregel: bei Alkoholikern die doppelte Dosis.

LSD-Kristalle wirken bereits im Mikrogramm-Bereich. Eine Dosis von 20 Mikrogramm versetzt den Patienten oder Probanden in einen Zustand, der dem eines gut gepackten Joints entspricht. Die übliche Dosis im therapeutischen Einsatz liegt zwischen 50 und 125 Mikrogramm. Die Trips, die in den sechziger Jahren »geworfen« wurden, enthielten zwischen 200 und 250 Mikrogramm. Albert Hofmann hatte sich bei seinem Selbstversuch 250 Mikrogramm verordnet. Alles, was bei 250 Mikrogramm und darüber liegt, garantiert einen Trip mit Tiefgang und ungewissem Ausgang. Wenn die Rahmenbedingungen nicht stimmen und die Vorbereitungen auf die Reise ungenügend sind, kann der Trip in einen Horror führen. Er kann aber auch einen Zustand hervorrufen, der von vielen nach der Rückkehr von ihrer Traumreise als Erleuchtung beschrieben wird.

Auch die Länge eines Trips hängt von der Dosierung ab. Körperliche Reaktionen sind spürbar, aber unspektakulär: leichte Erhöhung des Blutdrucks, leicht erhöhter Puls, vermehrte Speichelbildung, verstärktes Schlucken, erweiterte Pupillen, Blähungen – sogenannte Tripwinde. Vergiftungen wegen einer Überdosis wurden nicht registriert. Seines Wissens, sagt Albert Hofmann, seien noch keine Todesfälle als direkte Folge einer LSD-Vergiftung bekannt geworden. Die Droge erzeugt keine Suchtabhängigkeit. Bei Horrortrips empfehlen Suchtmediziner eine symptomatische Therapie mit Valium (Diazepam). Besser noch wäre ein Talk-down, wie ihn Timothy Leary in seiner Autobiographie beschreibt: »Es gab keine Probleme, von ein paar Horrormomenten abgesehen, die jedoch von den Tripbegleitern (guides) leicht heruntergeredet wurden, was Klarheit und Ruhe zurückbrachte.«[5] Das war die von den Hippies im Falle eines Horrortrips bevorzugte »Behandlungsmethode«.

Die ganze Bandbreite der physischen und psychischen Reaktionen auf LSD haben Masters und Houston in ihrem 1966 veröffentlichten Buch *The Varieties of Psychedelic Experience* in einem einzigen langen Satz zusammengefasst: »Selbst das knappste Resümee der psychologischen Wirkungen würde folgende Momente einschließen: Veränderung der visuellen, auditiven, taktilen, der Geruchs- und Geschmacks- und der kinästhetischen Sinneswahrnehmung, Veränderungen in der Raum-Zeit-Wahrnehmung, quantitative wie qualitative Veränderung des Denkens sowie der Wahrnehmung der Physiognomie; Halluzinationen, lebhafte Bilder – bildhafte Konfigurationen einer Ideenschau – mit geschlossenen Augen gesehen; stark erhöhte Sensibilität für Farben; jähe, häufige Stimmungs- und Affektwandlungen; verstärkte Erinnerungs- oder Gedächtnisleistungen; Egoverlust und Auflösung der Ich-Instanz; gedoppeltes, vervielfachtes und fragmentiertes Bewusstsein; scheinbare Wahrnehmung der inneren Organe und Körperprozesse; Auftauchen unbewussten Materials; gesteigerte Empfindsamkeit für sprachliche Feinheiten; erhöhte Empfindsamkeit für nichtsprachliche Andeutungen; Gefühl der Fähigkeit, mit nichtverbalen Mitteln besser kommunizieren zu können; manchmal einschließlich telepathischer Wege; Empfindung engagierter Einfühlsamkeit; Regression und ›Primitivisierung‹; offenkundig gesteigerte Konzentrationsfähigkeit; Vertiefung von Charakterzügen und psychodynamischen Vorgängen; eine offenkundige Nacktheit psychodynamischer Prozesse, welche das wechselseitige Zusammenspiel von ideeller Konzeption, Gefühl und Wahrnehmung sowie der Intelligenz unbewusster Prozesse deutlich macht; Interesse für philosophische, kosmologische und religiöse Fragen; und im Allgemeinen ein Auffassen einer Welt, welche die Ketten normaler kategorischer Ordnung abgestreift hat, was zu einem intensiveren Interesse an der eigenen Identität und der Welt führt und auch zu einer Skala von Reaktionen, die sich von den Extremen der Angst zu den Extremen der Lebensfreude erstreckt …«[6]

Beeindruckt von der Mundpropaganda, die der neuen Substanz aus den Labors eines Schweizer Pharmakonzerns außergewöhnliche Eigenschaften zuschrieb, öffneten sich angesehene US-amerikanische Universitäten der LSD-Forschung: Harvard an der Ost-, Stanford an der Westküste. Auch in Kanada und in Europa wurden LSD-Projekte gestartet. Doch US-Forscher gaben das Tempo vor und den Ton an. Sie hatten keine Probleme, freiwillige Probanden für ihre Experimente zu gewinnen. Wer wird denn nicht neugierig sein auf eine, wie sich schnell auf dem Campus herumsprechen sollte, außergewöhnliche Erfahrung? Wenn dann auch noch der Leiter eines der Projekte, Myron Stolaroff, aus eigener Erfahrung diese Erwartungen bestätigt und verstärkt, besiegt die Neugierde leicht mögliche Zweifel und Ängste. Außerdem gab es ein paar Dollars zu verdienen. Schwärmerisch verkündet Stolaroff, der 1961 die »International Foundation for Advanced Study« gegründet und an 350 Personen klinische Studien mit LSD durchgeführt hat: »An einem Tag erfuhr ich mehr über die Realität und wer wir als menschliche Wesen sind, als ich es vorher auch nur geahnt hatte. Ich betrachtete das als die wichtigste Entdeckung, die je gemacht wurde, und es gab nichts Wichtigeres für mich, als das ganze Potential, das LSD bietet, zu verwirklichen.«[7]

Noch spielte sich das alles im universitären Rahmen ab. Aber es war abzusehen, dass die LSD-Euphorie vom akademischen auf andere Milieus überspringen würde. Der schwärmerisch unakademische Ton, den Stolaroff hier anschlägt, ist typisch auch für andere LSD-Publikationen. Ein neuer Forschungsstil etablierte sich. Die Beteiligten, ob Wissenschaftler oder Probanden, waren infiziert vom Geist der Zeit. Sie waren offen für neue Wege und neue Methoden. Manche von ihnen hatten bereits Drogenerfahrungen. An vielen Colleges und Universitäten wurden Marihuana geraucht und Amphetamine geschluckt.

Die USA, und mit ihr die gesamte westliche Welt, durchliefen in den sechziger Jahren einen konfliktreichen Transformationsprozess. Nahezu alle gesellschaftlichen Bereiche gerieten in den Sog dieser Entwicklung. Die Bereitschaft, die herrschenden Verhältnisse radikal in Frage zu stellen, wurde zum Leitmotiv jenes Teils der jungen Generation, der sich anschickte, die gegenkulturellen Debatten zu bestimmen. Das konnte nicht ohne Rückwirkung auf den akademischen Betrieb bleiben. Aber der von der LSD-Forschung provozierte Paradigmenwechsel in der Pharmakologie blieb nicht ohne Widerspruch: Das wissenschaftliche Establishment heulte auf, als nicht zu übersehen war, dass »die besten Forschungsarbeiten und die beste literarische Darstellung auf diesem Gebiet von Menschen geleistet (wurden), die sich mehr als einmal dem Effekt der von ihnen abgehandelten Stoffe ausgesetzt haben. Dies führte ein neuartiges Prinzip in die Pharmakologie ein, demgemäß das Begreifen der Wirkung psychedelischer Drogen vom persönlichen Umgang mit ihnen bedingt wird.«[8]

Nicht nur in der Pharmakologie, auch in der Psychiatrie und der Psychologie machte dieser neue Stil sich breit – natürlich auch hier unter Protest großer Teile des akademischen Establishments. Zur Teilnahme an LSD-Therapien sollten nur solche Therapeuten zugelassen werden, die über eigene Erfahrung mit der Substanz verfügten, forderte der britische Psychiater Humphry Osmond. Ohne diese Erfahrung sei schlicht und einfach nicht nachvollziehbar, was ein Proband unter LSD-Einwirkung erlebe. Osmond war es auch, der, in Zusammenarbeit mit Aldous Huxley, den Begriff »psychedelisch« in den LSD-Diskurs einführte. Psychedelisch anstatt psychodelisch, was zu sehr nach Psychose und damit pathologisch klingt. Psychedelisch ist eine Wortverbindung aus Psyche (Geist, Seele) und delos (hervorbringen, manifestieren). Die traditionelle psychiatrische Begrifflichkeit ignoriere, so Stolaroff, jegliches Erfahrungswissen. Aus diesem Denksystem gelte es auszubrechen, was nur mit Hilfe neuer Methoden möglich sei. Diese Methoden zu popularisieren war ein wichtiges Anliegen der Psychedelic Community. Man kann, wie es John Beresford in seinem Vorwort tut, Staffords *Enzyklopädie der psychedelischen Drogen* als einen editorischen Meilenstein auf dem Weg zur Versachlichung der LSD-Diskussion betrachten.

Nicht nur die Methoden der Forschung, auch das Schreiben über deren Ergebnisse veränderte sich. Man war sich weitgehend einig in der Erkenntnis, dass es ein grundsätzliches Problem beim Sprechen und Schreiben über LSD-Erfahrungen gibt. Der Basler Ethnologe und Religionswissenschaftler Rudolf Gelpke hat das Dilemma in seinem Buch *Drogen und Seelenerweiterung* benannt:

»Diese (Erfahrungen) ›wissenschaftlich objektiv‹ schildern und deuten zu wollen, ist ein Ding der Unmöglichkeit; denn es wird hier eine Grenze überschritten, jenseits derer die völlige Relativität, nicht nur jede Terminologie (in unserem Fall der psychiatrischen), sondern der menschlichen Sprache überhaupt, offenbar wird.«[9]

Eigene Erfahrungen einbringen zu können galt deshalb als Mindestvoraussetzung für alle, die sich an der Diskussion um LSD beteiligen wollten. In der Euphorie des Augenblicks waren viele Wissenschaftler dazu bereit, ihre Drogenerfahrungen zu offenbaren. Später, als LSD verboten wurde und die Politik sich des Themas annahm, sollten einige von ihnen diese Offenheit bereuen. Sie gerieten nicht nur an den Rand des Wissenschaftsbetriebes, sondern auch ins Visier der Staatsorgane.

Auch wenn der Verfolgungseifer in den USA größer war als in den meisten europäischen Staaten, geriet LSD auch hier in den Sog der amerikanischen Verbotspolitik, die nicht nur den hedonistischen Gebrauch der Droge, sondern auch die Herstellung der nach den Maßstäben der UN-Drogenkonvention »nicht verkehrsfähigen« Substanz unter Strafandrohung stellte. Die logische Folge: Weltweit mussten alle Forschungsprojekte eingestellt, alle Therapien abgebrochen werden. Die öffentliche Diskussion, die mit dem Verbot erst wirklich begann, vollzog sich ohne wissenschaftlichen Begleitschutz. Wie heikel es unter den Bedingungen der Illegalität war, das Thema auch nur aufzugreifen, kann man im Impressum der 1980 veröffentlichten deutschsprachigen Ausgabe von Peter Staffords *Enzyklopädie der psychedelischen Drogen* nachlesen: »Der Verleger ruft nicht zu Gesetzesübertretungen auf und dieses Buch verfolgt nicht die Absicht, zum Gebrauch illegaler Substanzen zu ermuntern oder ihn zu fördern. Das hier präsentierte Material stellt eine Information dar, welche der Öffentlichkeit zugänglich sein sollte.«[10]

Aus dieser Unterwerfungserklärung eines Verlegers spricht die berechtigte Angst vor Zensur. Wertneutral und moralfrei über Drogen und Drogenerfahrungen zu reden oder zu schreiben, war und ist riskant – nicht nur in den USA. Bis heute steht Timothy Learys Buch *Politik der Ekstase* in Deutschland auf dem Index »jugendgefährdender Schriften«.

Von allen, die sich offen zu ihren Erfahrungen mit psychedelischen Drogen bekannten, war Leary der Lauteste. Seine Lobpreisung des neuen chemischen »Sakraments«, das er und seine Anhänger als das spirituelle Äquivalent der Wasserstoffbombe feierten, ebnete den Weg der Droge aus den Labors der Forscher auf den Campus der Universitäten und in die allgemeine Öffentlichkeit, wo der doppelte Gebrauchswert, Medikament und Droge in einem zu sein, seine Wirkung entfaltete. LSD wurde, wie man heute sagen würde, zur Partydroge.

Leary wagte sich in seinen plakativen Äußerungen über die phantastische Wirkungskraft von LSD weit vor. Er scheute kein Risiko, und er sollte für seine Risikobereitschaft einen hohen Preis zahlen.

Geboren wurde Timothy Leary 1920 in Springfield, Massachusetts. Der Familientradition folgend, sein Vater war Offizier, begann er seine Berufskarriere in der Militärakademie Westpoint. Nach achtzehn Monaten brach er die Ausbildung ab. Der Drill wurde ihm zu viel. Zumindest anfangs, schreibt eine anonyme Internet-Biographin, habe er dem harten militärischen Drill durchaus etwas abgewinnen können, würde er doch, wenn er nur durchhielte, einer Elite angehören. Diese Mitteilung ist deshalb erwähnenswert, weil sie auf etwas hinweist, was in Learys späterer Karriere manifest wurde – ein Hang zum Elitären.

Nach dem schnellen Ende seiner Militärlaufbahn wandte Leary sich der Psychologie zu. Er erwarb 1942 den Bachelor of Arts. Danach ging er zurück zur Armee, wo er bis Kriegsende als Militärpsychologe tätig war. Anschließend erwarb er in Berkeley an der University of California den Grad eines Doktors der Medizin. Bis 1958 arbeitete er in verschiedenen psychiatrischen Einrichtungen an der Westküste der USA. Dort fiel er mit seiner Kritik am traditionellen psychiatrischen System, die er mit vielen Wissenschaftlern seiner Generation in den USA wie in Europa teilte, unangenehm auf. Seine Behauptung, die Methoden der traditionellen Psychiatrie würden ebenso vielen Patienten schaden wie helfen, machte ihn zum Dissidenten innerhalb der kalifornischen Psychiatrie-Szene. Er wechselte nach Harvard und wurde dort Dozent für klinische Psychologie. Hier versuchte er umzusetzen, was an alternativen Forschungsvorhaben und Behandlungsmethoden in ihm gereift war. Um seine Studenten aus dem traditionellen Psychiatriesystem herauszuführen, schickte er sie auf die Straße, wo sie Junkies, Polizisten und Sozialarbeiter interviewten. Leary arrangierte Konferenzen mit Selbsthilfegruppen. Er lud den Gründer der Anonymen Alkoholiker ein. Er machte seine Studenten mit den Methoden von Synanon bekannt. Im Grunde, schreibt er in seiner Autobiographie, ging es immer um die eine große Frage: Wie verändert man menschliches Verhalten? Ihm schien der Weg, den Selbsthilfegruppen mit ihren »Do-it-yourself methods«, ihren egalitären Erfahrungsgruppen und ihren klientenbezogenen Therapien einschlugen, erfolgversprechender zu sein als alles, was in der klassischen Psychiatrie praktiziert wurde.

Leary war 39 Jahre alt, als er während eines Sommerurlaubs in Mexiko einen Pilz aß, der ihm zu seiner ersten Reise »ins innere All« verhalf. »Es war an einem sonnigen Nachmittag des Jahres 1960, als Leary im Garten einer Villa in Cuernavaca sieben sogenannte heilige Pilze aß, die ihm ein Medizinmann aus dem Nachbardorf gegeben hatte. »Während der nächsten fünf Stunden wurde ich durch eine Erfahrung gewirbelt, die man in vielen phantastischen Metaphern beschreiben könnte, die aber vor allem und ohne Frage die tiefste religiöse Erfahrung meines Lebens war.«[11]

In den drei Jahren, die diesem Initiationserlebnis folgten, experimentierten er, seine Mitarbeiter und unzählige Versuchspersonen mit Psilocybin, dem chemischen Derivat des mexikanischen Pilzes, dessen Herauslösung wiederum Albert Hofmann gutzuschreiben ist. Doch zu Learys wichtigstem Forschungsinstrument wurde die andere große Entdeckung des Basler Chemikers: LSD, die um ein Vielfaches potentere Droge. Er bezog sie über die amerikanische Niederlassung von Sandoz Pharmaceuticals.

Unter den vielen »Sitzungen«, die Leary gemeinsam mit seinem jüngeren Freund und Kollegen Richard Alpert durchführte, ragt das Gruppenexperiment an Strafgefangenen heraus. Das war 1961, als der Resozialisierungsgedanke auch in den USA noch einen gewissen Stellenwert hatte. Das Selbstwertgefühl der Gefangenen sollte gestärkt werden, um die Resozialisierungschance zu erhöhen. Das Experiment galt als gelungen. Die Rückfallquote sei von 70 auf zehn Prozent gesunken.

Es ist heute schwer möglich, diese Ergebnisse zu überprüfen. Das gilt auch für all die anderen LSD- und Psilocybin-Studien, die in einem Zeitraum von nur knapp zwei

Jahrzehnten durchgeführt wurden. Nach dem 1966 in den USA und ein Jahr später auch in der BRD einsetzenden Verbot konnten die üblichen und unverzichtbaren Folgestudien nicht durchgeführt werden. Das Verbot war »total«, wie Albert Hofmann beklagt: »Heute gibt es keine Substanz, die schärfer verboten ist als LSD. Nicht einmal Ärzte haben dazu mehr Zugang, sie können es auch nicht, wie Morphin, kontrolliert beziehen. Schon die Herstellung ist verboten. So wie Besitz und Anwendung – ein Totalverbot.«[12]

Leary sah in psychedelischen Drogen ein Mittel zur »Neuprogrammierung des Gehirns«. Das klingt ziemlich martialisch. Man sollte annehmen, dass derartige Zielvorstellungen bei seinen Kollegen auf Skepsis und offenen Widerstand stoßen würden. Das Gegenteil war der Fall: Leary teilte das Interesse an Bewusstseinsprozessen und deren Beeinflussung von außen mit vielen Wissenschaftlern und Wissenschaftlerinnen seiner Generation. Ihnen war nach den Schrecken des Zweiten Weltkrieges der Glaube an das Gute im Menschen abhanden gekommen. Sie wollten wissen, was sich in den Köpfen derer abspielte, die dem Terror-Regime zu Diensten waren.

Der Krieg und die Ungeheuerlichkeit der Shoa hatten ganze Völker traumatisiert. Historiker, Politologen und Sozialwissenschaftler fragten sich, nicht nur bezogen auf die besiegten Deutschen, Japaner und Italiener, wie es möglich war, dass Angehörige entwickelter Kulturnationen massenhaft den Verlockungen des Faschismus erliegen konnten. Denn Faschismus als Geisteshaltung war ein in der ersten Hälfte des 20. Jahrhunderts weltweit verbreitetes Phänomen – auch die Bevölkerung der späteren Siegermächte war nicht immun gegen Rassismus, Antisemitismus und eliminatorische Phantasien. In seiner Geschichte der Frankfurter Schule zitiert Rolf Wiggershaus einen Vortrag, den Max Horheimer auf dem Psychiatric Symposium on Antisemitism in San Francisco gehalten hatte und in dem er behauptete, der soziale Antisemitismus sei »in den USA weitaus schlimmer als in Europa und lege die Annahme nahe, dass – ungeachtet der offensichtlichen Unterschiede zwischen den USA und dem Dritten Reich – der Unterschied in der psychologischen Basis gefährlich klein«[13] sei.

Doch der Fokus des wissenschaftlichen und politischen Interesses jener Jahre lag auf Europa. Als das Ende des Schreckens nahte und der Sieg über Nazi-Deutschland sich abzeichnete, standen die Siegermächte unausweichlich vor der Frage, wie man den Deutschen und deren Verbündeten zukünftig begegnen sollte, und was zu tun sei, die Besiegten daran zu hindern, noch einmal einem Massenwahn zu verfallen. Schon zeigte sich, dass die Anti-Nazi-Koalition das Kriegsende nicht überdauern würde, zu sehr gingen die Interessen der westlichen Siegermächte und die der Sowjetunion auseinander. Der Kalte Krieg zog herauf, und die Welt wurde in Einflusssphären aufgeteilt. Während man in der Sowjetunion die Klassen- und Kapitalverhältnisse in den Mittelpunkt der Ursachenforschung stellte, konzentrierte man sich in den USA auf die mentale Lage und den psychischen Zustand von Hitlers williger Gefolgschaft. Konsequenterweise setzte man in der Sowjetunion auf Umerziehung, während man in den USA nicht weniger konsequent auf Re-education setzte, ohne dabei jedoch die Klassen- und Kapitalverhältnisse zu thematisieren.

Wo aber sollte man ansetzen? Wo lagen die Gründe für die psychische und mentale Deformation der Deutschen? Ist es eine Charakterfrage? Gibt es so etwas wie eine faschistische Persönlichkeitsstruktur? Bei der Suche nach

Antworten bot es sich an, auf die Erfahrungen, das Wissen und die Analysen von deutschen Emigranten, die den Nazis entkommen waren und Zuflucht in den USA gefunden hatten, zurückzugreifen. Das war die Stunde des »Institute of Social Research«. Max Horkheimer hatte das im März 1933 von den Nazis gestürmte und versiegelte »Frankfurter Institut für Sozialforschung« zunächst nach Genf verlegt und später in den USA neu gegründet. Hier konnten die emigrierten Sozialwissenschaftler ihre unterbrochenen Forschungsarbeiten wieder aufnehmen und gemeinsam mit amerikanischen Kolleginnen und Kollegen neue Forschungsvorhaben entwickeln – die einen an der Ost-, die anderen an der Westküste der USA.

In ihren Studien über das Vorurteil gelang es ihnen, das Sozialprofil einer Gesellschaft zu zeichnen, in der autoritäres Verhalten zu einem Massenphänomen werden kann. Sie entwickelten Befragungsmethoden, die ihnen dazu verhalfen, »... eine entsprechende Handlungsbereitschaft in der Charakterstruktur von Personen ausfindig zu machen und zu messen, auch wenn sie faschistische Ansichten nicht offen vertraten, weil sie aufgrund ihres Konformismus die Tabus nicht verletzen mochten, die die demokratische Verfassung der USA und die geltenden Menschenrechte über feindselige Einstellungen gegenüber Minoritäten verhängten«[14]. Dass der Schwerpunkt auf dem psychologischen Aspekt lag, erklärt Rolf Wiggershaus mit der Bereitschaft der Wissenschaftler im Exil, den Erwartungen des Gastlandes entgegenzukommen und sich an den Kriegsanstrengungen (War effort) zu beteiligen: »Bekämpfung des Vorurteils bedeutete ›Re-education‹, und die setzte bei den Individuen und ihrer Psychologie an. Das war eine Verbeugung vor einem typisch US-amerikanischen Credo.«[15]

Angesichts des heutigen Niedergangs sozialwissenschaftlicher Theorie und Forschung ist es bemerkenswert, welche Bedeutung den Sozialwissenschaften in den vierziger und fünfziger Jahren beigemessen wurde. In seiner Adorno-Biographie erklärt Detlev Claussen dieses Interesse mit dem Bedeutungswandel, der sich in der Roosevelt-Ära vollzogen hatte: »Die seit der ersten Roosevelt-Administration beobachtbare Tendenz, sozialwissenschaftliche Forschungsergebnisse für praktische Politik zu verwenden, erweiterte sich während des Krieges. Die politische und militärische Führung interessierte sich für Entwicklungen auf der ganzen Welt, aber auch für Veränderungen im eigenen Lande.«[16]

An Veränderungen im eigenen Land war auch die jüdische Bevölkerung der USA interessiert. Deren Repräsentanten teilten mehrheitlich Horkheimers Einschätzung: Antisemitismus *ist* ein Problem in den USA – ein ernsthaftes Problem, das nicht nur nach Auffassung der emigrierten Wissenschaftler, sondern auch der des American Jewish Congress (AJC) die demokratische Entwicklung in den USA behinderte und demokratische Errungenschaften bedrohte. Über Antisemitismus und das Vorurteil gegenüber den Juden zu forschen, hieß also, das antidemokratische Potential einer Gesellschaft offenzulegen mit dem Ziel, Abwehrmaßnahmen zu treffen. Vom AJC beauftragt, machten sich Horkheimer, Adorno und Mitarbeiter ans Werk. Dabei bedienten sie sich eines breiten Spektrums sozialwissenschaftlicher Forschungsmethoden. Noch heute gilt jedoch die Entwicklung der F-Skala (F steht für »Faschismuspotential«) als die methodisch wichtigste Innovation der Frankfurter Exil-Forscher. Im Rückblick auf die Jahre in den USA schreibt Adorno: Wir entwickelten die F-Skala »in einer Freiheit, die von den

Vorstellungen einer pedantischen Wissenschaft, die über jeden ihrer Schritte Rechenschaft abzulegen hat, erheblich abwich«.[17] Adorno betont besonders »die Vertrautheit mit der Methode der freien Assoziation«, wie sie nur Wissenschaftlern mit psychoanalytischem Hintergrund möglich sei. Um die Vorurteilsstruktur der Subjekte und deren potentiellen und aktuellen Antisemitismus zu ermitteln, entwarfen die Wissenschaftler einen Fragebogen, der sich dem Gegenstand der Forschung auf indirektem Wege näherte. Mit Hilfe der F-Skala arbeiteten sie die typischen Charakterzüge der »Autoritären Persönlichkeit« heraus: Konventionalismus, Mangel an Selbstreflexion, autoritäre Unterwürfigkeit und autoritäre Aggression. Gibt es eine Chance, ins Bewusstsein dieser Menschen vorzudringen? Kann man Menschen neu programmieren? Fragen wie diese standen im Zentrum der Diskussion. Kann man eine autoritäre Persönlichkeit zu einer anti-autoritären umformen? Mitte der sechziger Jahre sollte diese Frage von den Studenten der anti-autoritären Protestbewegung wieder aufgenommen werden. Das lag nahe, denn in Gestalt ihrer Väter, Lehrer und Professoren waren sie leibhaftig konfrontiert mit eben jenen Charakteren, die dem Bild der autoritären Persönlichkeit so idealtypisch entsprachen.

Auch die Teilnehmer der sogenannten Macy-Konferenzen waren sowohl an den Ergebnissen wie an der Methodik der vom »Institute of Social Research« durchgeführten Studien höchst interessiert. Auf Einladung der Josiah Macy Jr. Foundation trafen sich zwischen 1946 und 1953 Wissenschaftler verschiedener Fachrichtungen, um über die Vorhersagbarkeit und Kontrollierbarkeit menschlichen Verhaltens zu diskutieren. Die meisten Konferenzteilnehmer dachten, wenn sie von Re-education sprachen, an Erziehung zur Selbsterziehung. Diese müsse dann, fasst der

Maler und Filmemacher Lutz Dammbeck in seinem Buch zum Film *Das Netz – die Konstruktion des Unabombers* die Zielvorstellungen der Macy-Konferenzen zusammen, »durch Selbst-Regulierung dauerhaft gefestigt werden, Umerziehung muss in Selbst-Umerziehung übergehen. Das wird die Welt in eine postnationale, multi-ethische Weltgesellschaft ohne festgeschriebene Grenzen verwandeln. Die erforderlichen Werkzeuge und Baupläne für diese neue Weltordnung glaubt die Macy-Gruppe anbieten zu können: neue und schnellere Rechenmaschinen, Systemtheorie und kybernetische Modellwelten, mit denen alle Bereiche von Wissenschaft, Kultur und Politik kontrollier- und steuerbar erscheinen. Das verspricht auch die Programmierung neuer Menschen – anti-autoritärer Menschen nach Maß.«[18]

Das Re-education-Programm, welches die US-Army in ihrem europäischen Einflussbereich durchführte, deckte sich in vielen Punkten mit den Zielvorstellungen der Macy-Konferenzen. Die Eingriffe in das Bildungswesen und die Einflussnahmen auf die Medien in den Jahren unmittelbar nach der Besetzung durch die alliierten Truppen waren vielfältig. Von heute her gesehen, kann man in einigen Fällen durchaus Zweifel an deren demokratischer Tauglichkeit anmelden. So nahm der US-Hochkommissar für Deutschland massiv Einfluss auf die Entwicklung der sozialwissenschaftlichen Forschung. Er konnte dabei auf Max Horkheimer bauen, der nach seiner Rückkehr aus der Emigration die Re-education-Maßnahmen der US-Regierung nachdrücklich unterstützte. Empirische Sozialforschung sei das Gebot der Stunde. Das sah nicht nur Horkheimer so, auch der Leiter des Meinungsforschungsinstituts des US-Hochkommissars hob »die Bedeutung der Meinungsforschung für das wirklich demokratische

Funktionieren sozialer Institutionen« hervor.[19] Dass sich die Meinungsforschung leicht zu einem Instrument der Meinungsmanipulation umformen lässt, scheint man damals noch nicht in Betracht gezogen zu haben.

Ob Re-education oder Umerziehung, ob Umpolung, Umprogrammierung oder Meinungsforschung, immer geht es dabei um den Zugriff auf das Bewusstsein mit sozialwissenschaftlichen Methoden. In anderen Fachbereichen gingen die Überlegungen eher in Richtung neurologischer Umprogrammierung – also ran ans Hirn, und zwar auf dem direkten, chemischen Weg. Ganz Kinder ihrer Zeit, waren auch Leary und seine Mitarbeiter auf Umerziehung beziehungsweise Umpolung aus. Dabei setzten sie auf den Einsatz psychedelischer Drogen. Mit deren Hilfe wollten sie vorhandene Prägungen aufheben und die Subjekte für neue Prägungen öffnen, um so deren kreatives Potential freizusetzen. Bewusstseinserweiterung nannten sie das.

Es ist schon eine besondere Pointe der Geschichte, dass mitten im Horror des Zweiten Weltkrieges ein Chemiker in der von faschistischen Mächten umstellten Schweiz einen synthetischen Wirkstoff entdeckte, mit dem, als er schließlich auf den Markt kam, weltweit Millionen von Menschen einen Zuwachs an Erkenntnis und das Erlebnis einer überwältigenden Glückserfahrung verbinden sollten.

Mit seiner Forderung, psychedelische Drogen frei und allgemein zugänglich zu machen, entfernte Leary sich in großen Schritten von dem, was im universitären Rahmen an Außenseiterpositionen als noch vertretbar galt. Während die meisten seiner Kollegen LSD und Psilocybin auch weiterhin nur als therapeutisches Hilfsmittel einzusetzen gedachten, sah Leary in der LSD-Erfahrung einen

Wert an sich. In den großen Universitäten an der Ost- wie an der Westküste fand er mit seinen Thesen unter den Studierenden eine begeisterte Gefolgschaft. Das machte ihn für Harvard untragbar. Gemeinsam mit Richard Alpert wurde er 1963 wegen Rufschädigung entlassen.

Die Reaktion der Universitätsleitung war nicht verwunderlich, wenn man sie im Kontext der Zeit sieht. Viele Universitäten standen bereits unter besonderer Beobachtung der Medienöffentlichkeit und der Staatsorgane. Sie galten als Zentren der sich in den sechziger Jahren herausbildenden Gegenkultur. Ihre Studenten beteiligten sich an den Kämpfen der Bürgerrechtsbewegung. Sie wehrten sich gegen die Brutalität der Polizei und der Nationalgarde, und sie forderten ein Ende der Bevormundung und der Zensur durch die Universitätsleitungen. In Berkeley formierte sich das »Free-Speech-Movement«. In den Ghettos der großen Städte begannen junge Afro-Amerikaner sich zu organisieren und zu bewaffnen. Auch der wachsende Widerstand gegen den Vietnamkrieg fand in den Universitäten breite Unterstützung. Immer mehr Studenten und Studentinnen gingen auf Distanz zum System. Es entstand eine schwer kontrollierbare Gegenkultur, in welcher der Konsum von Drogen als Bestandteil eines neuen Lebensstils propagiert wurde. Die politische Klasse war alarmiert.

Leary geriet mit seinen publikumswirksamen Aktivitäten, seinen Veröffentlichungen, Interviews und Statements, die er 1968 in einer Art Manifest unter dem Titel *The Politics of Ecstasy* – deutsch: »Politik der Ekstase« – zusammenfasste, immer mehr ins Zentrum der öffentlichen Aufmerksamkeit. Er suchte diese Aufmerksamkeit. Und er kannte deren Risiken: »Alles, was das Bewusstsein verändert, ist eine Bedrohung der etablierten Ordnung.«

Erste Berichte von Prominenten, deren Erfahrungen auf dem Boulevard der Medien breitgetreten wurden, ließen die Attraktivität der neuen Droge ins schier Unermessliche steigen. Bis 1970 sollen nach Schätzung der US-Drogenbehörde über sieben Millionen Amerikanerinnen und Amerikaner LSD-Erfahrungen gemacht haben. Gleichzeitig stieg auch die Zahl derjenigen, die entschlossen waren, diesem Phänomen ein Ende zu bereiten.

Learys Slogan »Turn on, tune in, drop out«, die Aufforderung also, sich mit Hilfe von Drogen in eine besondere »Stimmung« zu versetzen, sein Leben neu einzurichten und aus der Gesellschaft auszusteigen, wurde von der politischen Klasse als Kampfansage verstanden. Der Vorsitzende der New Jersey Narcotic Drug Study Commission nannte LSD »die größte Bedrohung unseres Landes…, gefährlicher als der Vietnamkrieg«, der 1969 ins Amt gekommene Präsident Richard Nixon ernannte Leary zum Staatsfeind Nr. 1, und für die rechtsradikale John Birch Society war LSD das Produkt einer »jüdisch kommunistischen Verschwörung«. Anstatt über die Risiken der Droge, so es denn welche gab, aufzuklären, versuchte es der Staat mit einer Anti-Drogenkampagne, die sich, wie so viele andere Anti-Drogenkampagnen, die in den Jahren darauf folgen sollten, auf Lügen und Horrorgeschichten stützte. LSD sei gefährlicher als Heroin. LSD breche die Chromosomen. LSD führe zur Blindheit. LSD führe in die Kriminalität. Und wahlweise: LSD führe zum Sexwahn oder LSD töte die Sexualität.

Wie immer man Learys Rolle beurteilen mag, man wird ihm nicht vorwerfen können, die Notwendigkeit von Aufklärung verkannt zu haben. Von ihm stammt als Reaktion auf die von Nancy Reagan angestoßene Kampagne »Just say no« – sag einfach nein, der Slogan »Just say know« –

wisse einfach Bescheid. Er gilt nicht nur für LSD, sondern für den Umgang mit psychoaktiven Substanzen überhaupt. Auch wenn Leary grundsätzlich die freie Verfügbarkeit von halluzinogenen Drogen propagierte, unterließ er es nie, die besonderen Umstände zu benennen, die gegeben sein müssen, soll ein Trip zu einer positiven Erfahrung werden. Das heißt umgekehrt auch: Sind die besonderen Umstände nicht gegeben, dann sollte man die Reise auf keinen Fall antreten. Set und Setting sind die von Leary für diesen Sachverhalt geprägten Schlüsselbegriffe. Wer sich auf eine psychedelische Reise begeben will, sollte sich über seinen eigenen körperlichen und seelischen Zustand zum Zeitpunkt des Reiseantritts im klaren sein, wie auch über die Erwartungen, die er mit dem Trip verbindet. Er sollte sich auch über den äußeren Rahmen des Trips Gedanken machen, denn die Auswahl des Ortes, der Musik und der Mitreisenden können den Verlauf eines Trips in die eine oder in die andere Richtung entscheidend beeinflussen.

Das Risiko liege nicht in der Droge selbst, sondern in der psychischen und physischen Konstitution des Individuums, das die Droge nimmt, schreibt Ronald Steckel in seinem 1969 veröffentlichten Buch *Bewusstseinserweiternde Drogen*. In der deutschsprachigen Gegenöffentlichkeit der sechziger Jahre spielte Steckel die Rolle, die Leary in der amerikanischen Subkultur innehatte. Wie Leary warnt auch Steckel vor einem konsumistischen Umgang mit LSD. Wie Leary plädiert er für eine sorgfältige innere wie äußere Vorbereitung auf den Trip, und wie Leary empfiehlt auch er, sich zur Risikoverringerung einem Trip-Führer anzuvertrauen: »Der Führer, der mit der Wirkungsweise der Droge aus eigener Erfahrung vertraut sein muss, übernimmt praktisch die Aufgabe der

Realitätskontrolle und fungiert für den Menschen, der unter Einfluss der Droge steht, als Vertrauter, Freund, Lehrer, Arzt, Zuhörer und Navigator. Es ist ratsam, die Drogen nur im Beisein einer Person oder mehrerer Personen zu nehmen, die in der Lage sind, diese Funktionen zu erfüllen.«[20]

Weltweit fanden Learys hilfreiche Ratschläge Beachtung. Die Art, wie er über einen verantwortungsvollen Umgang mit Drogen sprach, war beispielhaft. Das ist sein bleibendes Verdienst. Leary war ein Aufklärer – jedenfalls in dieser Phase seines Lebens.

Die zwangsweise Beendigung seiner Universitätslaufbahn markierte einen tiefen Einschnitt, tiefer, als er zum Zeitpunkt seiner Entlassung ahnen konnte. Nachdem sie Harvard den Rücken gekehrt hatten, zogen Alpert und Leary nach Mexiko, wo sie ein psychedelisches Forschungszentrum gründeten und da weitermachen wollten, wo sie in Harvard aufgehört hatten. Doch die mexikanische Regierung schickte die beiden Forscher und ihren Anhang in die USA zurück, noch bevor sie ihre LSD-Sitzungen wieder aufnehmen konnten. Ob die mexikanische Regierung dabei auf eigene Initiative handelte oder ob sie aus dem Norden unter Druck gesetzt wurde, wird kaum noch zu klären sein. Leary musste in diesem Moment bewusst werden, dass die Entlassung aus dem Universitätsdienst seinen Freiheitsspielraum zwar erweitert hatte – er brauchte jetzt auf nichts und niemanden mehr Rücksicht zu nehmen –, doch er musste auch realisieren, dass es keinen institutionellen Schutzschild mehr gab, hinter dem er sich hätte verbergen können. Nun war er auf sich und die Unterstützung privater Gönner angewiesen. Er war ein Popstar für die einen, für andere war er eine unerwünschte Person. Nicht nur in Mexiko. Die Rückkehr in die USA und die Suche nach einem Ort, an dem er sich niederlassen konnte, gestaltete sich kompliziert, wie Weggefährten berichten. Ein vermögender »Fan« stellte ihm schließlich in Millbrook, New York, einen großräumigen Landsitz zur Verfügung. Der Ort wurde zu einer »Art Altar und Heiligtum für psychedelische Pilger aus aller Welt«, wie der *Playboy* schrieb, als seine Reporter Leary 1966 in der psychedelischen Zentrale an der Ostküste aufsuchten, um ihn zu interviewen. Leary befand sich da bereits *in deep troubles*.

Ob aus Zufall oder aufgrund einer gezielten Aktion – Leary, dem zumindest vor dem LSD-Verbot rechtlich nicht beizukommen war, geriet 1965 bei einer Kontrolle an der mexikanisch-amerikanischen Grenze in die Fänge der Drogenfahnder. Bei seiner Tochter wurde Marihuana gefunden, wofür er die Verantwortung übernahm. Er wurde – aus politischen Gründen, wie seine Anhänger überzeugt sind – zu einer grotesk hohen Strafe wegen des Verstoßes gegen das Marihuanasteuergesetz verurteilt, ein Gesetz, das 1969 vom Obersten Gerichtshof für verfassungswidrig erklärt wurde.

Schon kurze Zeit später wurde Leary erneut wegen eines weiteren Marihuana-Deliktes gefasst und zu zehn Jahren Haft verurteilt. Auch diesmal handelte es sich um eine, selbst für die damaligen US-amerikanischen Verhältnisse unverhältnismäßig hohe Strafe. Doch Leary musste nicht lange im Gefängnis schmoren. Die Weathermen, eine der deutschen RAF vergleichbare Gruppe, die zum bewaffneten Kampf gegen »das System« entschlossen war, befreiten ihn in einer spektakulären Aktion. Ihren Namen hatten sie einer Song-Zeile Bob Dylans entnommen: *»You don't need a weatherman, to know which way the wind blows.«*

Leary setzte sich nach Algerien ab, wo er von Mitgliedern der Black Panthers, einer militanten Gruppe von Afro-Amerikanern, denen die algerische Regierung Exil gewährt hatte, aufgenommen wurde. Die Zeit in Algerien beschreibt er als einen Horrortrip und Eldridge Cleaver, den Leader der Black Panthers, als einen durchgeknallten Machtjunkie. Nur mit Mühe gelang es Leary, sich aus diesem Umfeld zu lösen. Er zog weiter in die Schweiz, wo er 1971 um politisches Asyl nachsuchte. Es wurde ihm gewährt, die Schweiz weigerte sich, ihn an die USA auszuliefern. Doch der Verfolgungsdruck ließ nicht nach. Auch die Schweiz war kein sicherer Hafen. Leary reiste weiter nach Wien und von dort, nach einem kurzen Zwischenstop, nach Afghanistan. Dort wurde er 1973 gefasst, in Kabul festgesetzt und schließlich in die USA ausgeliefert, wo er erneut bis 1976 inhaftiert wurde. Danach wurde es ruhiger um ihn. Er war weiterhin öffentlich präsent, den Status eines Superstars hatte er jedoch verloren. Bis zu seinem Tod, er starb 1996 an Krebs, lebte er vorwiegend an der Westküste der USA, wo er sich mit Computern beschäftigte und sich seinen Cyber-Space-Phantasien hingab. Er publizierte, und er hielt Vorträge, die sich um drei Themen drehten: »Die Auswanderung in den Weltraum, die Steigerung der Intelligenz und die Verlängerung des Lebens.«[21]

Leary war, wie die Zeitschrift *Playboy* schrieb, »nicht nur Messias, sondern auch Märtyrer der psychedelischen Bewegung«. Er war ohne Zweifel eines der ersten prominenten Opfer jener aberwitzigen US-amerikanischen Drogenpolitik, die ungebrochen bis heute exekutiert wird und deren Unverhältnismäßigkeit Hunderttausende von Drogenkonsumenten – Konsumenten! – zu Gefängnisinsassen machte.

Ohne den Laborunfall Albert Hofmanns in den vierziger Jahren des vergangenen Jahrhunderts hätte die Geschichte der sechziger Jahre einen anderen Verlauf genommen. Davon sind zumindest Learys Jünger und alle, die sich der psychedelischen Bewegung zurechnen, überzeugt. Der US-amerikanischen Romancier Tom Robbins hält es für unbestreitbar, »... dass das, was wir die sechziger Jahre nennen, sich nicht ereignet hätte, wenn es nicht die psychedelischen Sakramente gegeben hätte.«[22]

Hofmann selbst war nicht gerade glücklich über den Weg, den seine Entdeckung vom therapeutischen Hilfsmittel zum psychedelischen Sakrament und schließlich zur Partydroge genommen hatte. LSD wurde zu seinem Sorgenkind, wie der Titel seines 1979 veröffentlichten Buches erkennen lässt. Welcher Forscher ist schon glücklich, wenn seine Erfindung oder Entdeckung, von deren Nützlichkeit er nach wie vor überzeugt ist, verboten wird und alle, die gegen das Verbot verstoßen, kriminalisiert werden? Und wer macht sich keine Sorgen, wenn eine Substanz, deren Risikopotential er kennt, von Marktschreiern im weißen Kittel des Forschers oder im bunten Gewand des Hippies unter die Leute gebracht wird, als handele es sich um ein Lutschbonbon? Der Hippiekult, der ja auch ein Drogenkult ist, war Hofmann fremd. Noch im hohen Alter von 94 Jahren versucht er mit einem geradezu rührenden Vorschlag, LSD von der Drogen-Assoziation zu befreien. Unter Bezug auf Aldous Huxley schlägt er vor, Phantastica, Halluzinogene und Psychedelika nicht länger als Drogen zu bezeichnen. Ein ziemlich weltfremder Vorschlag.

Typisch für Hofmanns Schriften und seine öffentlichen Äußerungen ist eine gewisse Ambivalenz bei der Beurteilung seiner eigenen Entdeckung und deren Folgen. Er war eben nicht nur der gewissenhafte Forscher im Dienste eines Schweizer Pharmakonzerns, als Naturmittelchemiker war er immer auch ein Mystiker. Wozu er sich ausdrücklich bekennt. Die von Psychedelika bewirkte mystische Schau sei keine Sinnestäuschung, schreibt er, sie sei vielmehr die Offenbarung eines anderen Aspektes der Wirklichkeit: »Die von unserem Intellekt errichtete Grenze zwischen Ego und Außenwelt löst sich auf und Außen- und Innenraum verschmelzen ineinander, was das Gefühl von Unendlichkeit und Zeitlosigkeit, vom ewigwährenden Hier und Jetzt hervorruft. Der Körper, der im gewöhnlichen Bewusstseinszustand als von der Außenwelt getrennt empfunden wird, wird jetzt als mit der Schöpfung vereint erlebt, als Teil des Universums, was er ja tatsächlich ist. Das Gefühl der Geborgenheit im zeitlosen Urgrund führt zum Erleben der Glückseligkeit.«[23]

Anzunehmen, Hofmann habe sich mit zunehmendem Alter in eine weltfremde Naturmystik geflüchtet, wäre ein Fehler. Wer Hofmann bei den Feierlichkeiten zu seinem hundertsten Geburtstag erlebt hat, ist einem Mann begegnet, dem die Wirklichkeit nicht entglitten ist. Heute ist er in seinem Denken dem der Hippies sehr viel näher, als ihm selbst bewusst sein mag. Das Elend der Welt und den Zustand des Planeten macht er fest an: »Materialismus, Entfremdung von der Natur durch die Industrialisierung und wachsende Verstädterung, fehlende Befriedigung durch die Tätigkeiten in einer mechanisierten, leblosen Arbeitswelt, Langeweile und Ziellosigkeit in einer wohlhabenden, saturierten Gesellschaft und das Fehlen einer religiösen, nährenden und sinngebenden philosophischen Begründung des Lebens«.[24]

2

»Gäbe es in der Schweiz einen Rat der Weisen, würden Sie ganz bestimmt dazu gehören … Ich weiß, Sie winken bescheiden ab. Sie stehen nicht gerne im Rampenlicht, und schon gar nicht möchten Sie bei jeder Gelegenheit um Ihre Meinung gefragt werden. Aber auch ohne ein solches Gremium gehören Sie zu jenen Menschen, deren Wort Gewicht und Wirkung hat.

Sie sind ein großer Erforscher des menschlichen Bewusstseins. In Ihren Schriften stellen Sie Fragen, die uns alle auch immer wieder beschäftigen: Wie nehmen wir unsere Welt wahr? Wie wirklich ist das, was wir als Realität erfahren?

Ich muss zwar gestehen, dass ich, der ich in der Politik tätig bin, mich manchmal ungemein nach Objektivität sehne oder mir doch wenigstens das Bemühen um sie herbeiwünsche …

Doch kann ich mich mit Ihren Erkenntnissen trösten. Sie haben früh erkannt, dass auch rationale Erkenntnis an Grenzen stößt und dass nicht alles objektivierbar ist. Sie haben sich deshalb dafür ausgesprochen, dass auch subjektives Erleben in den Bereich der Wissenschaft gehört. Mystik als höchste Form subjektiver Erkenntnis steht nicht im Gegensatz zur Vernunft, im Gegenteil, sie erweitert sie. Es gibt nicht nur eine Realität und eine Sicht der Dinge, sondern es existieren unbegrenzte Möglichkeiten der Wahrnehmung.

Sie vertreten damit ein Grundanliegen der Aufklärung. Es wäre fatal, jede subjektive Erkenntnis aus der Wissen-

schaft zu verbannen, denn das würde in letzter Konsequenz bedeuten, dass sich das menschliche Bewusstsein selbst aus der Wissenschaft ausschließt. Sie haben durch Ihre Forschung und Ihre Schriften dazu beigetragen, dass künstlerische, philosophische und religiöse Fragen in der Wissenschaftsdiskussion lebendig bleiben.

Ich danke Ihnen für Ihre inspirierenden und zugleich wohltuenden Gedanken und wünsche Ihnen alles Gute zu Ihrem Geburtstag.

Freundliche Grüße.«[25]

Adressat dieser Laudatio: Albert Hofmann. Absender: Der Schweizer Bundespräsident. Anlass, Ort und Zeit: Die Feierlichkeiten zu Hofmanns hundertstem Geburtstag in Basel im Januar 2006.

Unter den Anwesenden gab es wohl niemanden, der diese brieflich übermittelte Botschaft des Schweizer Bundespräsidenten für unangemessen hielt, dennoch löste das Schreiben bei einigen Teilnehmern der Festveranstaltung und dem sich anschließenden dreitägigen Symposium eine gewisse Verwunderung aus. Hier wurde ja nicht der Erfinder des Insulins oder des Penicillins vom obersten Repräsentanten der Schweiz hymnisch gefeiert, sondern der Entdecker des LSD. Da war doch was?

Ohne den geringsten Anflug einer selbstkritischen Reflexion ihrer eigenen Rolle bei der Dämonisierung von LSD in den sechziger und siebziger Jahren stimmten auch die Schweizer Medien in den Jubel ein. Aber gut – das zu kritisieren hat vor dem Hintergrund des Festes, welches es zu feiern galt, etwas Kleinliches. Die Schweiz wollte ihren großen Landsmann bejubeln. Der hat es verdient. Let it be. Auf dem Symposium zu seinen Ehren hatten dann auch kritische und selbstkritische Anmerkungen zur Wirkungsgeschichte des von Hofmann synthetisierten Mutterkornalkaloids ihren Platz.

Auf dieser »in ihrer Art wirklich einmaligen Konferenz« trieben sich, wie der Philosoph und Bewusstseinsforscher Thomas Metzinger in seinem in der Wochenzeitung *Die Zeit* veröffentlichten Kongressbericht schreibt, »so ziemlich alle üblichen Verdächtigen der psychedelischen Szene« herum: »Das Event namens The Spirit of Basel war ein Fest für Zivilfahnder und Romantiker, für knallharte Neuropharmakologen und schamanistische Gegenaufklärer.« Entsprechend vielfältig war das Programmangebot der Gaia-Media-Stiftung, die das Symposium »LSD. Sorgenkind und Wunderdroge« organisiert hatte. Die Beiträge der Referentinnen und Referenten aus aller Welt bewegten sich zwischen den Polen Rationalität und Mystik. Das seien, so Metzinger, die Pole der Zeit: »Die tiefere Frage im Hintergrund lautet, ob es eine Synthese aus Spiritualität und intellektueller Redlichkeit geben kann. Lassen sich mystische Erfahrungen, die durch psychoaktive Substanzen ausgelöst wurden, auf rationale Weise in unsere Kultur integrieren?«[26]

Im Zentrum des Basler Kongresses stand deshalb die Frage nach der Bedeutung von LSD für die Wissenschaft, die Gesellschaft und die Kultur. Dabei zeigte sich, dass die Wirkungsgeschichte des LSD von den Kongress-Referenten höchst unterschiedlich dargestellt und eingeschätzt wurde. Der unterschiedliche Erfahrungshintergrund und die unterschiedlichen Interessen der Teilnehmer ließen auch nichts anderes erwarten.

Weil, aus gegebenem Anlass, Hofmanns Entdeckung im Mittelpunkt der ganzen Veranstaltung stand, konnte es nicht ausbleiben, dass sich viele Referenten auf LSD geradezu fixierten. Diese Fixierung führte zu einer Blickverengung, die der politischen, sozialen und kulturellen Realität jener Jahre nicht gerecht wird. Unbestreitbar ist, dass Drogen in der Gegenkultur der sechziger Jahre eine wichtige Rolle spielten. Drogen veränderten die Wahrnehmung vieler Subjekte. Sie bewirkten sowohl Einstellungs- wie Verhaltensänderungen. Doch lässt sich beim besten Willen nicht sagen, welchen Anteil welche Droge an diesem Prozess hatte. Im übrigen ist die monokausale Rückführung eines komplexen gesellschaftlichen Prozesses auf eine bestimmte chemische Substanz oder Substanzgruppe wissenschaftlich so wenig haltbar, wie es der Versuch wäre, das Spezifische der sechziger Jahre auf den Existenzialismus oder den Marxismus, oder den Antiimperialismus, oder die Frankfurter Schule zurückzuführen.

Wenn man Drogen bewusst und absichtlich in erster Linie als Waren und erst in zweiter Linie als psychoaktive Substanzen oder spirituelle Güter begreift, muss man – bezogen auf die bundesdeutsche Gegenkultur jener Jahre – nüchtern feststellen, dass nicht LSD, sondern Haschisch und Marihuana die begehrtesten Konsumgüter – vom Alkohol einmal abgesehen – waren und in allen Jugendkulturen danach auch geblieben sind. LSD hatte am westeuropäischen Markt nie den Status einer Massendroge.

Das war anders in den USA. Dort setzte der massenhafte Konsum von Drogen sehr viel früher ein. In der Hochsaison 1965/66 war LSD an den Colleges und Universitäten fast ebenso verbreitet wie Marihuana. Auch wurde ein alternativer Lebensstil in den USA sehr viel früher versucht als in der BRD und in Westeuropa. Die Hippie-Bewegung und mit ihr die psychedelische Bewegung nahmen ihren Ausgang in den USA. Es war ein US-amerikanischer Autor, der dem Konsum von LSD einen politisch-ideologischen Überbau gab und eine Erweiterung des Bewusstseins mit Hilfe von LSD versprach. Und es war die Regierung der USA, die den »War on Drugs« eröffnete und diesen Krieg der in den Vereinten Nationen versammelten Staatengemeinschaft aufzwang. Da ging und geht es zwar zuallererst um Opium und Heroin, Koka und Kokain, Haschisch und Marihuana. Aber selbstverständlich gerieten auch LSD und andere Halluzinogene in den Sog dieser Verbots- und Repressionspolitik.

Anders als in Europa hatte LSD in den USA, bevor die Droge ins Zentrum der Medienöffentlichkeit und ins Visier der Drogenfahnder geriet, einen stillen Vorlauf. Der Gebrauch von LSD in den frühen sechziger Jahren war, wie Timothy Leary betont, »ein Phänomen der oberen Mittelklasse, der Akademiker, der White-collar-Leute«.[27] Die waren in der Regel sozial nicht auffällig und psychisch gesund. Sie waren keine »Undergroundtypen und Rauschgiftsüchtige«, mit denen Leary nichts zu tun haben will. In diesem Milieu der oberen Mittelklasse, wo man offen war für neue Erfahrungen und interessiert an veränderten Perspektiven, erwiesen sich LSD und Psilocybin als Kreativitätsverstärker. Nicht unerheblich ist dabei, dass die an LSD Interessierten in den frühen sechziger Jahren noch davon ausgehen konnten, tatsächlich auch LSD zu erhalten, wenn sie auf Trip gingen. Denn in den Jahren des stillen Vorlaufs wurde der Stoff sauber und wohldosiert »für Forschungszwecke« vom Hersteller selbst zur Verfügung gestellt. Als Trips zu »werfen« schließlich auch in Europa populär wurde, stand LSD in den USA bereits auf dem Index. Fortan bedurfte es sowohl in den USA wie in Europa besonderer Connections, um überhaupt an reines LSD-25 zu gelangen. Die am freien Markt gehandelten

Trips kamen immer seltener aus den Labors eines Pharmakonzerns und immer häufiger aus denen von Garagenchemikern. Entsprechend verunreinigt waren sie.

Tom Robbins ist zuzustimmen, wenn er in einem 1997 in der Literaturzeitschrift *Point No Point* veröffentlichten Aufsatz schreibt: »Über die sechziger Jahre zu sprechen, ohne über Psilocybin und LSD zu sprechen, heißt, sich eines höchst unredlichen (Geschichts-)Revisionismus schuldig zu machen.«[28] Aus europäischer Sicht wäre hinzuzufügen, dass Haschisch und Marihuana im Kontext dieser Zeit ebenso wenig unterschlagen werden dürfen.

Robbins bezeichnet die sechziger Jahre unumwunden als das Jahrzehnt, das allen Jahrzehnten davor und danach überlegen war – »the decade that has stolen the show«. Das kann man so sehen. Was jedoch zum Widerspruch herausfordert, ist seine Begründung: »Ich denke, es steht unzweifelhaft fest – firmly, flatly and finally –, dass das, was wir die sechziger Jahre nennen, nicht stattgefunden hätte ohne die psychedelischen Sakramente.« Der »Zeitgeist«, so Robbins, sei nur in zweiter Linie politisch gewesen. Politische Aktionen, ob pazifistisch, feministisch, ökologisch oder ethnisch motiviert, seien nur ein Abfallprodukt der »spirituellen Explosion« gewesen. Eine kühne Behauptung. Was die Verhältnisse in Westeuropa betrifft, ist sie eindeutig falsch.

In der Jugend- und Protestbewegung Westeuropas wurde das Aufkommen von LSD beziehungsweise dem, was dafür gehalten wurde, äußerst kontrovers diskutiert. Allein die Tatsache, dass es sich um eine synthetische Droge und um ein Produkt der Pharmaindustrie handelte und dass Firmen wie Dow Chemicals im Trip-Business tätig waren, gab Anlass genug, dem Phänomen mit Skepsis zu begegnen. Aus den Labors von Dow Chemicals – heute

Bestandteil des Agrarmultis Monsanto – kam unter anderem das dioxinhaltige Herbizid »Agent Orange«, das in Vietnam von der US-Army im Kampf gegen die Vietnamesische Befreiungsfront als Entlaubungsmittel eingesetzt wurde – mit katastrophalen Folgen für die Bevölkerung bis heute. Auch der großzügige Versand von LSD-Proben durch den Pharmakonzern Sandoz warf in der europäischen Subkultur Fragen auf, die in der US-amerikanischen Protestbewegung nur selten gestellt wurden. Denn die Jubelberichte über die außergewöhnliche Wirkung der neuen Substanz konnten über die Tatsache nicht hinwegtäuschen, dass es sich bei der großzügigen Vergabe von LSD »zu Forschungszwecken« de facto um einen Pharmaversuch am Menschen handelte.

Robbins' Sichtweise wird in den USA von vielen geteilt, die damals dabei waren. Es ist die Sichtweise einer, wie Robbins selbst sagt, elitären, winzigen Minderheit »von erleuchteten Individuen«. Viele dieser von LSD Erleuchteten neigen dazu, ihre Erfahrungen zu verallgemeinern und die Erfahrungen derer zu ignorieren, denen »auf Trip« kein Licht aufgegangen ist.

Zusätzliches Misstrauen weckte das offensichtliche Interesse von Geheimdiensten beziehungsweise der US-Army an diesem neuen Typus von Bewusstseinsdroge. Vor allem aber: In den Augen vieler Aktivisten der europäischen Protestbewegung stand die von Timothy Leary versprochene Bewusstseinserweiterung mit Hilfe von Drogen im Widerspruch und in Konkurrenz zur Bewusstseinsveränderung mit Hilfe von Aufklärung und politischer Arbeit. Anders als in den USA wurde in der bundesdeutschen Diskussion jener Jahre nicht nur darüber diskutiert, wie und mit welchen Mitteln Bewusstseinsveränderungen zu bewirken sind, sondern auch, wer die

Macht hat, sie zu bewirken. Die Frage drängte sich auf, denn die jüngste deutsche Geschichte war ja auch eine Geschichte der Manipulation durch Propaganda. Propaganda als Propaganda zu erkennen und öffentlich zu entlarven war ein Kernanliegen der antiautoritären Emanzipationsbewegung: »Wer Herr und wer Knecht ist, das entscheidet sich nicht nur daran, wer über Kapital, Fabriken und Waffen, sondern auch, je länger je deutlicher daran, wer über das Bewusstsein der anderen verfügen kann.«[29] Hans Magnus Enzensbergers 1962 veröffentlichtes Buch *Einzelheiten* hatte großen Einfluss auf den akademischen Teil der Protestgeneration, die gerade dabei war, sich zu formieren und politisch zu artikulieren. Aus seinem Essay über die Bewusstseinsindustrie, ein Begriff, den er prägte, destillierten die Protagonisten der antiautoritären Bewegung die Botschaft: Den Manipulationsversuchen der Bewusstseinsindustrie wird nur sich widersetzen können, wer die Bereitschaft besitzt, sich seines eigenen Verstandes zu bedienen, und dabei die Fähigkeit erwirbt, seine Entscheidungen auf Grundlage der eigenen Urteilskraft zu treffen. Das ist ein Lernprozess. Der ist mit Arbeit verbunden. Als dann einer kam und verkündete, die Veränderung beziehungsweise Erweiterung des Bewusstseins sei ohne Arbeit mit Hilfe einer Pille möglich, war höchste Wachsamkeit geboten. Das roch, nein, es stank nach Manipulation.

Es war ja nicht so, dass die Droge einfach nur im Regal rumlag und erst bei Nachfrage abgegeben wurde. LSD wurde promoted wie keine andere Droge, die zu der Zeit am Markt war. Überall begegnete man LSD-Predigern. Es herrschte ein beachtlicher Druck in der damaligen Jugendkultur, sich wechselseitig an LSD-Erlebnissen zu messen und LSD-Erfahrungen auszutauschen. Wer keine Erfahrung hatte, konnte nicht mitreden, wer trotzdem mitreden wollte, wurde aufgefordert, erst mal seine Erfahrungen zu machen. Und schon hatte die Gemeinde ein neues Mitglied. Das Ganze hatte etwas Sektenhaftes. Es ist sicherlich kein Zufall, dass mit der Mystifikation von LSD auch das Zeitalter der Psychosekten begann.

Mit seiner LSD-Botschaft fand Leary auch in Europa eine willige Gefolgschaft – im einen Land mehr, im andern weniger. Er traf hier aber auch auf eine kritische Öffentlichkeit, die sein Treiben skeptisch und teilweise mit offener Ablehnung verfolgte. Der autoritäre, guruhafte Anspruch, mit dem er auftrat, passte nicht so recht in die politische Landschaft der sechziger Jahre. Befremdlich war auch der religiöse Touch, der seiner Botschaft anhaftete. Auffallend viele US-amerikanische LSD-User beschreiben ihre Erfahrungen in einer quasi religiösen Terminologie. Für die meisten Amerikaner unter fünfundzwanzig Jahren, sagt Leary, bedeute die psychedelische Droge Ekstase, sinnliche Entfaltung, Erleuchtung, Offenbarung und »religiöses Erlebnis«. Das Versprechen auf Erleuchtung und religiöse Offenbarung ist ein Verkaufsargument – besonders in den USA.

LSD war immer mehr als nur eine Droge unter vielen. LDS hatte einen Sonderstatus. Begeisterte Schilderungen von »namhaften Persönlichkeiten des öffentlichen Lebens« – Musikern, Malern, Schriftstellern, Wissenschaftlern und Filmstars – trugen den Ruhm der Droge um den Planeten. Timothy Leary war ihr selbsternannter Wortführer. Er propagierte eine »Politik der Ekstase«. Damit wurde er zu einer Stimme im politischen Diskurs der sechziger Jahre – umstritten zwar von Anfang an, aber nicht zu überhören. Er war ein Popstar, der sich in der Rolle eines Religionsstifters gefiel und der sich mit steigender Popularität vom Wissenschaftler zum Prediger entwickelt hatte. Das Talent dazu hatte er, denn er war ein Verkäufertyp. Seine Smartness machte ihn zu einer auch in der Subkultur umstrittenen Persönlichkeit.

Der exzentrische Harvardprofessor hatte ein Imageproblem. Er brauchte einen Imageberater. Der Zwischenfall in Laredo, wo er beziehungsweise seine Tochter mit ein paar Gramm Marihuana erwischt worden waren, hatte das Medieninteresse an seiner Person und seinem Umfeld noch einmal verstärkt. Wie sollte er auftreten? Wie seine Botschaft unter die Leute bringen? Also wandte er sich an Marshall The Medium Is The Message McLuhan. Sie trafen sich im Sommer 66. Und McLuhan erwies sich als sachkundiger Ratgeber. Trostlose Senatsanhörungen und Gerichtssäale seien eine schlechte Plattform zur Verbreitung einer Botschaft: »Du nennst dich selbst einen Philosophen, einen Reformer. Fein. Aber der Schlüssel zu deinem Werk ist Werbung. Du bewirbst ein Produkt.«[30] Sorge dafür, rät er seinem Klienten, dass mit LSD all die guten Dinge, die das Hirn zustande bringen kann, in Verbindung gebracht werden: Schönheit, Spaß, philosophische Wunder, religiöse Offenbarung, gesteigerte Intelligenz, mystische Romanzen. Vor allem aber müsse die Werbung für das Produkt das Religiöse betonen: »Finde das Göttliche in dem Ganzen.« Er müsse sich, fordert McLuhan, als erster Verkäufer bei der Verbreitung seiner Botschaft sehen und entsprechend verhalten: »Wenn du fotografiert wirst, lächle. Bewege dich selbstsicher. Strahle Entschlossenheit aus. Beklage dich niemals und zeige dich nie verärgert.«

Wenn er sich so verkaufe, werde er den »Krieg« am Ende gewinnen, prophezeite McLuhan. Allerdings werde er vorher noch einige Schlachten verlieren: »Du wirst die protestantische Ethik nicht in ein paar wenigen Jahren überwinden können. Diese Kultur weiß, wie Angst und Schmerzen zu verkaufen sind.« Immer geht es ums Verkaufen, diesen Ratschlag McLuhans hatte Leary verinnerlicht. Und so gab er auch keine Interviews, er führte Verkaufsgespräche. Als er sich 1966 auf dem Höhepunkt der LSD-Hysterie den Fragen des US-Männermagazins *Playboy* stellte, wusste er genau, mit wem er sprach und was von ihm erwartet wurde.

Let's talk about drugs and sex, lautete das von der *Playboy*-Redaktion vorgegebene Leitmotiv des Interviews. Leary, der marktschreierisch LSD als »das mächtigste Aphrodisiakum, das der Mensch je entdeckt hat« anpries, hatte nichts einzuwenden gegen diese Vorgabe. Er kam schnell zur Sache: »Natürlicher- und einleuchtenderweise nimmt man LSD mit einem Angehörigen des anderen Geschlechts, und eine LSD-Sitzung, die nicht eine letzte Verschmelzung mit einer Person des anderen Geschlechts einschließt, ist nicht wirklich vollständig. Sexuelle Vereinigung gehört zu den großen Absichten einer LSD-Sitzung.«[31]

Nichts kann das Image einer Droge mehr steigern als die Zuschreibung einer sexuell stimulierenden Wirkung. Das war zuletzt in den achtziger Jahren zu beobachten, als MDMA (Ecstasy) von den Angehörigen einer Psychosekte mit dem Image einer Sexdroge versehen wurde. Leary hatte diesen Mechanismus begriffen. Bereitwillig lässt er sich von den Interviewern Antworten entlocken, die perfekt auf die Leserschaft des *Playboy* zugeschnitten sind: »Können Sie einen Orgasmus unter LSD beschreiben?«, fragen die Interviewer. Leary antwortet: »Ich kann Ihnen nicht erklären, wie es ist, weil es mit nichts vergleichbar ist, was Sie je erlebt haben – und es gibt sowieso keine angemessenen Worte, um es zu beschreiben.«[32]

Warum lässt er sich dann auf die Frage ein, wenn er doch weiß, dass ihm die Worte fehlen, sie zu beantworten? Weil er dabei ist, das ultimative Verkaufsargument vorzubereiten: »Sie wissen nicht, wie es ist, bis Sie es selbst probieren, und dann brauche ich es Ihnen nicht mehr zu sagen.«[33] Sie müssen es probieren! Das müssen Sie mir einfach abkaufen! So reden alle Verkäufer, gleichgültig ob sie mit schnittigen Autos oder mit spirituellen Gütern handeln.

Sie hätten gehört, locken die Interviewer, dass manche Frauen, die normalerweise nur mit Schwierigkeiten einen Orgasmus erreichen, unter LSD mehrfache Orgasmen erleben können. Ob das stimme? Aber ja, sagt Leary, und setzt noch einen drauf. »In einer sorgfältig vorbereiteten, liebevollen LSD-Sitzung kann eine Frau mehrere hundert Orgasmen haben.«[34]

Die ganze Argumentation ist ein schwerer Verstoß gegen die von Leary selbst aufgestellten Regeln. Denn er baut einen Erwartungs- und Leistungsdruck auf, der den Verlauf eines Trips nur stören kann. Befreit von allen Fesseln wissenschaftlicher Verbindlichkeit und Verantwortung, schwadroniert Leary über multiple Orgasmen und die sexuell stimulierende Wirkung von LSD. Anstatt zu sagen, das sei sein persönlicher Trip, postuliert er ex cathedra: »Sexuelle Vereinigung gehört zu den großen Absichten einer LSD-Sitzung.« Wer sagt das? Ich, Timothy Leary, sage das. Was für ein Ego-Trip.

Drogen und Sexualität beziehungsweise »Sex auf Droge« sind natürlich ein Thema. Wer auf Sex in allen Lebenslagen programmiert ist, wird das übliche Programm auch auf Droge durchziehen wollen. Oder es zumindest versuchen. Es gibt aber auch Leute, die rundweg bestreiten, jemals auf LSD irgendwelche sexuellen Regungen verspürt zu haben, Leute, die den Trip als so einzigartig erlebt haben, dass ihnen, daran gemessen, das Sexuelle als banal erscheint.

Wissenschaftliche Studien zum Thema Drogen und Sexualität gibt es nur wenige. Was man weiß, lässt sich in ein paar Worten zusammenfassen.[35] In Interviews befragte Jugendliche, die über Erfahrungen mit Cannabis verfügten, bestätigen die sexuelle Wirkung der Droge ihrer Wahl, und zwar in der einen wie in der anderen Richtung – aufgeilend wie abturnend. Diejenigen, die das Sexuelle auch ohne Drogen positiv besetzt haben und angstfrei erleben, verbinden mit Drogen eine Steigerung ihres sexuellen Erlebens und eine Sensibilisierung ihres sexuellen Empfindens. Diejenigen, deren Einstellung zum Sexuellen auch ohne Drogen von Schuldgefühlen und Versagensängsten geprägt ist, verbinden mit Drogen eine Steigerung ihrer Ängste und Schuldgefühle bis hin zum Horrortrip.

Derartige Differenzierungen, die Leary, der Aufklärer, noch vorgenommen hätte, interessierten Leary, den Verkäufer, nicht länger. Im Sinngebungsgeschäft, in dem er jetzt tätig war, herrschen andere Spielregeln. Im übrigen hatte er doch klipp und klar gesagt, dass LSD nicht für jedes Gehirn etwas ist – »nur die Gesunden, Glücklichen, Schönen, Hoffnungsvollen, Humorvollen und Agilen sollten nach einer solchen Erfahrung suchen«. Da unter den glücklichen, schönen und hoffnungsvollen *Playboy*-Lesern und deren Spielgefährtinnen manch eine frigide und manch einer impotent sein dürfte, fügte es sich gut, dass LSD auch »ein wirksames Heilmittel für Impotenz und Frigidität« ist. Leary ließ nichts aus, um den Erwartungen des *Playboy*-Lesers zu entsprechen. Als cleverer Zeitgeistsurfer registrierte er natürlich auch, dass Homosexuelle von der allgemeinen Aufbruchstimmung jener Jahre erfasst wurden und immer offener und selbstbewusster auftraten. Das brachte Verunsicherung in die Geschlechterordnung und Unruhe in die heterosexuelle Welt des *Playboy*-Lesers. Doch auch für ihn hatte Leary ein tröstliches Versprechen im Angebot: »Es ist eine Tatsache, dass LSD ein spezifisches Heilmittel für Homosexualität darstellt.« War er bis dahin nur als wissenschaftlicher Scharlatan unterwegs, so entlarvte er sich jetzt auch noch als homophober Reaktionär.

Leary war es gewohnt, mit allen möglichen, nicht gerade schmeichelhaften Etiketten bedacht zu werden. Auch musste er akzeptieren, allerlei Verdächtigungen ausgesetzt zu sein. Damit konnte der mit einem Super-Ego ausgestattete Harvard-Professor gut leben. Sein Selbstbewusstsein war überbordend.

In seiner 1983 veröffentlichten und 1990 neu aufgelegten Autobiographie *Flashbacks. A Personal and Cultural History of an Era* gewährt Leary überraschende Einblicke in die Motive seines Handelns. Er stellt noch einmal dar, worum es ihm immer gegangen ist und wie er sich selbst in seiner Rolle als Wissenschaftler und Philosoph, als politischer Aktivist, als spiritueller Ratgeber und als ein um seine materielle Reproduktion besorgter Geschäftsmann wahrnahm.

Bis zum Ende seiner Tage war er überzeugt davon, dass Drogen nötig sind, um das Hirn zu ernähren, so wie die Luft, das Wasser und Nahrungsmittel nötig sind, den Körper zu versorgen. Chemische Neuro-Transmitter, schreibt er im Nachwort seiner Autobiographie, erlauben uns, das Hirn zu aktivieren. Das sei eine Chance, die man nicht leichtfertig vergeben dürfe. Er fordert: Jungen Erwachsenen sollte beigebracht werden, mit diesen Drogen umzugehen. Darüber hinaus sei es »die Pflicht eines freien Menschen«, sei es »die patriotische Verantwortung eines jeden Amerikaners, sich den Bemühungen von Politikern, der Polizei und der medizinischen Autoritäten entgegenzustellen, die kontrollieren wollen, was Erwachsene ihrem Körper zuführen. Das Motto heißt: ›Just say know‹« – wisse einfach Bescheid.[36] Das kann man, wenn man so will, als Learys Vermächtnis lesen.

Auch wenn die Einschätzungen seiner Bedeutung als Protagonist der Sechziger-Jahre-Gegenkultur weit auseinander klaffen, war Leary unbestritten eine »Counterculture-celebrity«. Er war immer da, wo die Action war. Er war in Altamont. Er war in San Francisco, als der Summer of love ausgerufen wurde und sich Zehntausende im Golden Gate Park versammelten. Er war dabei, aber er stand am Rande der politischen Auseinandersetzungen, die im Vorfeld der Ereignisse ausgetragen wurden. In seiner Autobiographie wird deutlich, wie weit weg Learys Kritiker von dessen Selbstverständnis immer waren, wenn sie ihn wegen seiner Rolle als LSD-Guru angriffen. Leary hatte ein Sendungsbewusstsein, das ihn gegen Kritik von außen immunisierte und das ihn zu Handlungen veranlasste, die ihn in den Augen Dritter größenwahnsinnig erscheinen ließen. Etwa sein Geschäftsgebaren. Allen Ernstes glaubte er, die Verlegung seines Arbeitsfeldes nach Mexiko und die Summer Camps, die er dort veranstaltete, mit Hilfe der mexikanischen Pharmaindustrie finanzieren zu können.

Gemeinsam mit Richard Alpert hatte er 1962 die »International Foundation for Internal Freedom« (IFIF) als Dach für zukünftige Aktivitäten gegründet. Er hatte einen Chemiker an der Hand, der wusste, wie man LSD,

Meskalin und Psilocybin in kommerziell verwertbaren Mengen herstellt. Mit diesem Mann an der Spitze beabsichtigte er, Mexiko zu einem der Schweiz vergleichbaren Pharma-Standort zu machen. In Mexiko warb er mit diesem Versprechen um Verbündete. Ihm schwebte eine groß angelegte Produktion von Psychedelika vor. »Unsere geschäftlichen Ratgeber«, schreibt er, »sagten voraus, dass wir innerhalb von fünf Jahren zu einem der größten Drogenproduzenten der Welt werden könnten.«[37] Die Validität dieser Prognose zu überprüfen, hatten Leary und seine Mitarbeiter keine Gelegenheit. Denn in Mexiko hatte niemand Interesse an psychedelischer Entwicklungshilfe unter Anleitung »ausgeflippter« US-amerikanischer Akademiker.

Kurze Zeit nach dem mexikanischen Abenteuer erreichte ihn eine Einladung auf die Karibik-Insel Domenica. Ein Verehrer, der von Learys fehlgeschlagener Operation in Mexiko gehört hatte, lud ihn ein, auf der winzigen Insel ein »avantgardistisches Tourismus-Zentrum« zu errichten. Die Chancen für ein solches Projekt seien hoch, wenn, was zu erwarten sei, die Opposition die Wahlen gewinne. Learys Business-Ratgeber rechneten vor – unter Zugrundelegung der gescheiterten Mexiko-Pläne –, dass sich das Tourismus-Einkommen der Insel innerhalb kürzester Zeit verdreifachen würde. Und dann gebe es noch Hinweise auf Gelder aus Las Vegas, die auf dem Weg nach Domenica seien. Da könne man doch einiges für das IFIF-Projekt abzweigen. Leary war so besessen von der Idee, »mit unseren Drogen ein kleines Land zu übernehmen«[38], dass er sich auch mit der Mafia eingelassen hätte. Denn Las-Vergas-Gelder waren Mafia-Gelder. Bevor es dazu kommen konnte, wurde er ausgewiesen und deportiert.

Wie naiv muss einer sein, der sich auf derartige Deals einlässt? Doch vielleicht ist das die falsche Frage. Wie ignorant muss einer mit der Intelligenz eines Timothy Leary und dessen Informationsmöglichkeiten als Hochschullehrer sein, um so weit zu gehen, dass er sich selbst mit der Mafia einlassen würde? Am Ende von Learys flott geschriebener Autobiographie verfestigt sich der Eindruck, dass Ignoranz einer seiner bestimmendsten Charakterzüge war. Ignoranz als Produktivkraft, die einen Mann mit einer Mission antreibt – ohne Skrupel zu zeigen und ohne Angst zu haben.

Wenig Skrupel hatte Leary auch, als er im September 1966 nach Inkrafttreten des LSD-Forschungs- und Herstellungsverbotes, dem Beispiel von »Scientology« folgend, eine »Liga für spirituelle Entdeckung« (League for Spiritual Discovery) gründete. Wie »Scientology« definierte sich auch Learys Verein als Religionsgemeinschaft, in deren rituellem Mittelpunkt LSD als heiliges Sakrament stehen sollte. Leary baute auf die Religionsfreiheit beim Versuch, LSD einen legalen Status als Kultdroge zu verschaffen.

Wenn man sich vor Augen führt, wie zugespitzt und polarisiert die politische Situation in jenen Jahren war, fragt man sich einmal mehr, wie weit weg von den politischen Realitäten Leary gewesen sein musste, wenn er ständig mit Projekten an die Öffentlichkeit ging, die von Anfang an zum Scheitern verurteilt waren. Das gilt auch für seine Absicht, sich um das Amt des Gouverneurs von Kalifornien zu bewerben. Leary ließ sich wohl auch deshalb permanent etwas Neues einfallen, weil er sich bewusst war, dass der »anti-establishment flavor« seiner Ideen und Aktivitäten viele Angehörige der akademischen Mittelschichten faszinierte und ihm von dort Zulauf und materielle Unterstützung bringen würde. Das hatte er von Marshall McLuhan gelernt.

Auch wenn Learys Biographie eng verknüpft ist mit den politischen Kämpfen der US-amerikanischen Linken – die »Weathermen« hatten seine Flucht organisiert, die »Black Panthers« hatten ihm Asyl verschafft –, rechnete er sich selbst nie der Linken zu. Soweit es um die Schaffung einer Welt ging, die geprägt sein sollte von Frieden, nuklearer Abrüstung und »dem Ende der Ignoranz, der Anpassung und des Unglücks«,[39] deckten sich seine politischen Visionen mit denen der linken Aktivisten in Berkeley und anderswo. Aber er fühlte sich gründlich missverstanden, als Jerry Rubin im Golden Gate Park zum Mikrophon griff und die revolutionäre Parole ausgab: »Turn on, tune in, take over.«[40]

Rubin war einer der führenden US-Aktivisten der sechziger Jahre. Das Werk, in dem er seine politischen Ziele darstellt, heißt schlicht und einfach: *Do it*. Gemeinsam mit Abbie Hofman, Paul Krassner und anderen hatte Rubin die »Youth International Party« gegründet. Deren Mitglieder nannten sich Yippies. Politisch agierten sie irgendwo zwischen den Hippies und der traditionellen Linken. Auch mit den Yippies konnte Leary nichts anfangen: »Ihr Programm war altmodischer linker Negativismus – ein pessimistisches ghettosozialistisches Misstrauen gegenüber dem, für was das Land steht und was die Zukunft erfordert. Im Grunde mochten die Yippies Amerika und amerikanische Werte nicht.«[41] Davon will einer, der an die patriotische Verantwortung appelliert und eine durch und durch amerikanische Figur ist, natürlich nichts wissen.

Das Bemerkenswerteste an Learys Autobiographie aber ist seine Weigerung, sich auf die Argumente seiner Kritiker einzulassen. Dass er im Trubel der sechziger Jahre und berauscht von der eigenen Bedeutung nicht auf Distanz gehen konnte zu dem, was er tat und propagierte, ist verständlich. Die Dämonisierung von Drogen im allgemeinen und von LSD im besonderen, die Diffamierung und Kriminalisierung von Drogenkonsumenten und der Verfolgungsdruck, dem er selbst ausgesetzt war, erlaubten keine Differenzierungen. Aber jetzt, im Abstand der Jahre, sollte man erwarten, dass sich der Hohe Priester des LSD-Kultes, dem längst die Gemeinde abhanden gekommen war, in seinem autobiographischen Schlusswort auch mit der negativen Seite dieses Kultes, den er wie kein anderer personifizierte, auseinandersetzt. Dabei hatte er gewisse Fehlentwicklungen durchaus wahrgenommen. So wehrte er sich – nicht nur im Falle von Jerry Rubin – gegen die Umfunktionierung seiner zentralen Botschaft »Turn on, tune in, drop out«. Ihm sei klar, schreibt er, dass man diese Parole draußen in der Subkultur übersetze mit: Get stoned und vermeide jede konstruktive Aktivität. Um solchen Vulgarisierungen entgegenzutreten, sah er sich genötigt, in seiner Autobiographie noch einmal zu definieren, was er eigentlich gemeint hatte.

Turn on meinte, bereit zu sein, seine neuronale und genetische Ausstattung zu aktivieren und sich zu sensibilisieren für die vielen verschiedenen Ebenen des Bewusstseins. Drogen seien ein Weg, um das zu erreichen. *Tune in* meinte, in Harmonie mit der Außenwelt zu leben und die innere Perspektive nach außen zu kehren. *Drop out* meinte, sich aktiv zu lösen von ungewollten und unbewussten Bindungen und Verpflichtungen. Drop out war die Aufforderung, sich selbst zu vertrauen, die eigene Einmaligkeit zu entdecken und bereit zu sein, sich auf Neues einzulassen und Veränderungen zu akzeptieren. Leary betont, dass es sich dabei um einen Prozess handele, der nach ständiger Erneuerung verlange, wenn man im Leben wirklich wachsen wolle.[42]

Leary war sich auch bewusst, dass nicht alle LSD-Trips in den siebenten Himmel der Liebe und der Harmonie führen. In seiner Autobiographie berichtet er auch von »bad trips« und psychotischen Episoden. Er registriert das Anwachsen der Nachfrage, und er zeigt sich besorgt über die Vielzahl von Konsumentinnen und Konsumenten, die sich völlig unvorbereitet und unbegleitet auf Trip begeben. Bis zu seinem Ende hielt er jedoch an der Illusion fest, solche Zwischenfälle seien grundsätzlich vermeidbar. Wenn nur die Spielregeln strikt eingehalten und Personen mit der Begleitung beauftragt würden, deren Qualifikationsniveau dem eines Jet-Piloten vergleichbar sein sollte, dann sei der Verlauf eines Trips kontrollierbar. Just say know! Wisse einfach Bescheid! Als gelernter Psychologe hätte er wissen müssen, dass kognitives Wissen, ähnlich wie bei der Steuerung des Sexualverhaltens, ein äußerst störanfälliges Steuerungselement ist, das in der Praxis oft versagt.

Doch solche Einwände prallten an ihm ab. Auch im Rückblick auf sein Tun und Wirken weigerte er sich, die negativen Folgen der »psychedelischen Explosion« zur Kenntnis zu nehmen. Nie wäre er so weit gegangen wie Ronald Steckel, der im Vorwort zur Neuauflage (1999) seines Buches *Bewusstseinserweiternde Drogen* zwar daran festhält, »dass der psychedelischen Bewegung auf ihrem Höhepunkt Mitte und Ende der sechziger Jahre tatsächlich magische und offenbarende Qualitäten zu eigen waren«, dem es aber heute so vorkommt, »als hätten die US-Amerikaner um Leary tatsächlich *Perlen vor die Kinder* geworfen und damit ein alchemistisches gesellschaftliches Massaker in Gang gesetzt«. Diese »unfreiwillige

Avantgarde« an der psychedelischen Front habe zwar Erstaunliches und Bewegendes geleistet, sei aber gleichzeitig hoffnungslos überfordert gewesen. »Ich klage also an dieser Stelle über die Opfer dieser ›Schlacht‹ – die vielen persönlichen Freunde, die nach LSD- oder Meskalin-Erfahrungen in psychiatrische Kliniken wanderten, mit Elektroschocks oder Psychopharmaka behandelt wurden und daraufhin ihrem Leben ein Ende setzten; die vielen gänzlich verwirrten und geschockten Geister, die nach einmaliger traumatischer psychedelischer Erfahrung fortan allem, was mit *Bewusstsein* und *Innenwelt* zu tun hatte, skeptisch, ablehnend oder ängstlich gegenüberstanden; die Tausende oder Zehntausende von Kids in den USA und Europa, die jeden Realitätskontakt und jeden gesellschaftlichen *common sense* für immer oder auf Jahre hinaus verloren.«[43]

Learys Denken fehlte dieser Bezug auf die gesellschaftliche Realität. Die Befürchtungen von Aldous Huxley, die Arthur Koestler in seinem Buch *Das Gespenst in der Maschine* zitiert, hätten Leary, sollten sie ihm zugetragen worden sein, wohl kaum beeindruckt. Huxley, schreibt Koestler, »war ständig von der Furcht geplagt, die kombinierte Wirkung von Massenmedien und Drogen könnte die Welt in eine Art schmerzloses Konzentrationslager des Geistes verwandeln, dessen Insassen ihre persönlichen Freiheiten eingebüßt haben, dafür aber eine Diktatur ohne Tränen genießen.«[44]

Leary war ein Voluntarist – eine in den sechziger und siebziger Jahren weit verbreitete Geisteshaltung. Voluntarismus und Ignoranz sind enge Verwandte. Den Einwand etwa, dass sein durchaus vernünftiger Vorschlag, Jugendliche zu einem kompetenten Umgang mit Drogen zu erziehen, in einer Gesellschaft, die zwar die Alkohol-Prohibition abgeschafft hatte, deren Machteliten aber im Abstinenzdenken verharrten, nicht durchsetzbar ist, würde er mit dem Kommentar »altlinker Negativismus« zurückweisen. Dass in einer Konsumgesellschaft alles, was mit Propagandagetöse beworben wird, schon bald in den Massenkonsum eingehen und damit zwangsläufig Kreisen zugänglich würde, die es nicht gewohnt sind, sich an Spielregeln zu halten, scheint ihm nie in den Sinn gekommen zu sein. Dass spätestens mit dem LSD-Verbot das organisierte Verbrechen in die Produktion und in den Handel einsteigen würde, mit dem Ziel, das Geschäft zu übernehmen, war ihm keine Reflektion wert. Er zog es vor, diese Gesetzmäßigkeit der kapitalistischen Ökonomie zu ignorieren. Dass LSD und andere Psychedelika von Geheimdiensten als Wahrheitsdrogen missbraucht und von Armeen als chemische Waffen instrumentalisiert wurden, war sicherlich nicht in seinem Sinne. Geäußert hat er sich dazu jedoch nicht, ebenso wenig wie zu der ihm unterstellten Kooperation mit der CIA. Selbst Hunter S. Thompson, dem Autor von *Fear and Loathing in Las Vegas*, der, was LSD betrifft, selbst über einen reichen Erfahrungsschatz verfügte, ging Learys Ignoranz auf die Nerven: »Leary tobte durch Amerika und verhökerte ›Bewusstseinserweiterung‹, ohne je einen Gedanken an die grimmigen Fleischerhaken-Realitäten zu verschwenden, die auf alle Leute lauerten, die ihn zu ernst nahmen.«[45]

In den sechziger Jahren wurde, wie wir heute wissen, der Hegemonieanspruch der amerikanisch-angelsächsischen Popkultur begründet. Das lief vor allem über die Musik- und über die Modeschiene. Doch bei aller Bereitschaft, dem US-amerikanischen Vorbild zu folgen, nahm die Jugend- und Protestkultur in Europa einen auch von nationalen Traditionen geprägten Verlauf. Grob vereinfacht: In der europäischen Protestkultur, so differenziert in sich sie auch war, dominierte das Politische. Sie war weniger hippieesk. Weniger popkulturell. Hippieparolen wie »Make Love Not War« oder »Love and Peace« wurden in der Linken belächelt und Slogans wie »Sex and Drugs and Rock'n'Roll« als Zersetzungspropaganda des Klassenfeindes zurückgewiesen. »Hippie« war in diesem dominanten Teil der Protestbewegung ein Label der Geringschätzung. Es ist fraglich, ob man auf Europa bezogen – von London und Amsterdam einmal abgesehen – überhaupt von einer psychedelischen Bewegung sprechen kann. Die gab es zweifellos an der Westküste der USA. Auch hier argwöhnisch beobachtet von der US-amerikanischen Linken.

Die weltweite Protestbewegung der sechziger Jahre in all ihren unterschiedlichen Ausprägungen hatte einen gemeinsamen Nenner: Das antiautoritäre Aufbegehren und den entschlossenen Kampf gegen die Verbrechen der USA in Vietnam. In Fragen des Lebensstils und der kulturellen Ausdrucksformen gingen die Vorstellungen jedoch weit auseinander. Der Aufruhr, den Bob Dylan 1965 auf dem Newport-Folk-Festival auslöste, als er zur elektrischen Gitarre griff und von folkigen Protestsongs auf lärmigen Rock'n'Roll umstieg, steht musterhaft für einen Clash of cultures innerhalb der Protestbewegung. Dylan wurde von den »Folkies« als Verräter an den Idealen der Bürgerrechtsbewegung wahrgenommen und denunziert. Zu ähnlichen kulturellen Zusammenstößen kam es auch in Westeuropa, wo sich die gerade erst etablierende Popkultur an der in der Arbeitertradition verwurzelten Kultur der traditionellen Linken rieb. Dabei spielte die Drogenfrage eine höchst kontroverse Rolle.

In seinem posthum veröffentlichten Roman *Die Reise*

hat Bernward Vesper, eindrücklich wie kein anderer Autor seiner Generation, die inneren Widersprüche eines politischen Aktivisten beschrieben, der sich auf eine psychedelische Reise begeben hatte und der die Erfahrungen und Erkenntnisse, die er dabei gewonnen hatte, in Einklang zu bringen versuchte mit seinen politischen Ansichten und seinen praktischen Absichten.

Vesper war politischer Aktivist. Er war Autor. Er war Verleger. Und er war Sohn. In seiner Biographie bündelt sich auf extreme Weise alles, was damals relevant und somit Thema war. Als Sohn des Nazi-Dichters Will Vesper verbrachte er eine leidvolle Kindheit in einem autoritären Elternhaus. Als Verleger publizierte er wichtige Streitschriften, die den politischen Diskurs belebten. Als Autor beteiligte er sich an den Diskussionen der Protestbewegung und als politischer Aktivist an deren Demonstrationen. Seinen 1969 begonnen Romanessay *Die Reise* konnte er nicht beenden. Er war krank geworden. Die letzten Monate seines Lebens verbrachte er in psychiatrischen Einrichtungen – erst in München, dann in Hamburg, wo er sich 1971 mit einer Überdosis Schlaftabletten das Leben nahm. Jörg Schröder, sein Verleger, hat den Roman 1977 nach dem unvollendeten Manuskript herausgegeben und damit ein Dokument zugänglich gemacht, das so nahe am Geist jener Jahre ist wie kein anderes deutschsprachiges Buch, das über diese Zeit veröffentlicht wurde. Die Doppeldeutigkeit des Titels gibt den Inhalt vor. Der Roman schildert eine reale Reise durch einige europäische Länder, und er beschreibt eine virtuelle Reise »ins innere All« des Protagonisten.

Die psychedelische Erfahrung sei ein »heiliges Massaker«, der ganze Bau der Körper-Seele-Geist-Einheit werde erschüttert, schreibt Roland Steckel in seinem Buch

Bewusstseinserweiternde Drogen: »Es ist eine Überwältigungserfahrung – grandios, furchterregend, ekstatisch oder friedvoll –, die für viele schicksalhaften Charakter hat.«[46] Man sei, so Steckel, nach dem Trip ein anderer Mensch. »Oder man fühlt sich zumindest so – für einige Zeit«, fügt er relativierend hinzu. Bernward Vesper hat auf seinen virtuellen Reisen dieses ganze Erfahrungsspektrum – grandios, furchterregend, ekstatisch oder friedvoll – erlebt und erlitten: »Der Trip gibt dir zum ersten Mal eine Vorstellung von der ungeheuren Freiheit des Menschen; zurückgekehrt in die fabrizierte Gefängniseinöde beginnst du, daran zu arbeiten, eine Realität zu schaffen, die den Menschen so entfaltet, dass er auf einen lebenslangen Trip ohne Drogen gespannt sein darf, sobald er das Glück hat, gezeugt zu werden.«[47]

Vesper stand zu seinem Drogenkonsum. Aber er war kein Drogenpropagandist. Er war sich immer bewusst, wie verletzbar der Drogenesser – also auch er selbst – in Wahrheit ist: »Der Drogenesser befindet sich im Zustand höchster Manipulierbarkeit, die sowohl durch innere als auch durch äußere Reize ausgeübt werden kann: Er verliert das Bewusstsein dafür, dass er sich unter dem Einfluss von Drogen befindet, lässt sich durch Dritte ›auf den Trip schicken‹ und schickt sich – in Verfolgung von Erinnerungs- und Gedankenketten – ohne Gegenkontrolle … selbst auf den Trip. Er ist in diesem Zustand des desorganisierten fließenden Nervensystems nicht mehr in der Lage, den momentan durchlebten Teilerfahrungsbereich in seinen übrigen Erfahrungs- und Gedankenkomplex zu integrieren, erlebt ihn aber aufgrund der gesteigerten Sensibilität und Offenheit in einer nie zuvor gekannten Intensität, die ihm den Anstrich des einzig Wahren und Absoluten gibt.«[48]

Den Durchblick haben, nannte man das. Es war dieser Gestus, der so viele Leute provozierte, diese Haltung, alles besser zu wissen und einer Gemeinschaft von Wissenden anzugehören, zu der nur Zugang hat, wer aus eigener *Erfahrung* weiß, wovon die Rede ist.

Vesper kennt und benennt auch die Risiken des Umkippens in wahnhafte Zustände: »Wie jeder Drogenesser unterliegt er allzu leicht der Versuchung, alle ihm bekannten Tatsachen zu einem perfekten Wahnsystem auszubauen, Unbequemes, das die Schönheit seines inneren Kosmos beleidigen könnte, zu verdrängen, und das, was nichts andres ist als ein Reflex seiner eigenen, isolierten Situation, für allgemeine Realität zu halten.«[49]

Die »Drogenexplosion«, davon ist Vesper überzeugt, kann nicht zurückgenommen werden. Drogen sind eine Realität. Doch den eigenen Drogenkonsum mit seinen politischen Ansprüchen so in Einklang zu bringen, dass sich alle Widersprüche wie von selbst auflösen, ist ihm nicht gelungen: »Diese Drogenexplosion stiftet Verwirrung in allen Köpfen: in denen der Drogennehmer und denen, die sie ignorieren oder bekämpfen. Die Kultur der imperialistischen Staaten ist die einzige menschliche Kultur ohne tiefgreifende Drogenerfahrung ...«[50] Das ist ein Manko in Vespers Augen. Da Drogen auch in Zukunft massenhaft konsumiert werden, postuliert Vesper vom Standpunkt der politischen Bewegung: »Unsere Sache ist es, von der moralischen, letzten Endes idealistischen Beurteilung der Drogen und Drogenesser Abschied zu nehmen.« Er spottet über die Linke, die in der Drogenfrage gespalten ist, und er fordert, mit der Ideologie aufzuräumen, dass der Genuss von Drogen identisch sei mit der Unfähigkeit, den Klassenkampf zu führen: »Es ist falsch und gefährlich zu behaupten, dass diese Spaltung mit der

Klassenfront identisch ist. Studentische Kader, von ihrer Gruppe mit kurzgeschorenen Haaren im Proletarier-Look in die Lehrwerkstatt eines Konzerns geschickt, sahen sich dort hippen Proleten gegenüber, deren Sprache sie nicht einmal mehr verstanden; der Aufforderung, am nächsten Weekend-Trip teilzunehmen ... konnten sie nicht folgen.«[51] Anstatt die Vorurteile des Spießers zu bestätigen und weiterzuspinnen, sei es Aufgabe der Linken, Daten zu sammeln und Studien durchzuführen, die dazu beitragen, »das so plötzlich aufgetretene Phänomen« zu entmystifizieren. Bis dahin bleibe die Drogenszene ein Kampfplatz unsichtbarer, sich kreuzender Interessen: Aufgabe der Wissenschaft wäre, »die typische Trip-Ideologie zu entmystifizieren, zu zeigen, dass die Erlebnisse, die unter dem Einfluss der Droge als transzendental erfahren werden, ihre Ursache im phylo-, ontogenetischen und gesellschaftlichen Prozess haben, dass die Halluzinationen Wiederkehr des Verdrängten, dass die Höllen, die der Drogenesser durchläuft, seine Angst sind, dass seine Angst seine Erfahrung ist.«[52]

Wie Vesper und viele seiner Zeitgenossen sah auch Ronald Steckel im Drogengebrauch einen politisch subversiven Akt: »Die bewusstseinserweiternden Drogen sind im Rahmen der politischen und emanzipatorischen Widerstandsbewegung der Jugend nichts anderes als Hilfsmittel im Bemühen um die Verwirklichung der Gegenkultur: Instrumente, die zur Entfaltung der eigenen Sinnes- und Denktätigkeit benutzt werden.«[53] Psychedelische Drogen stellen eine politische Bedrohung deshalb dar, so die Argumentation, weil sie vielen Menschen dazu verhelfen, »den Komplex von Betrug und Täuschungen zu durchschauen, aus dem die Mythologie der sozialen Lügen besteht. Und da Machtstrukturen sich hauptsächlich auf die kontrollierte öffentliche Akklamation der Lüge verlassen, um ihre Hegemonie zu stützen und zu stabilisieren, stellen die psychedelischen Drogen in der Tat eine Art politische Bedrohung dar.«[54] Deshalb ist das Verbot der Droge und die strafrechtliche Verfolgung von Acid-Heads, wie sich LSD-Esser an der Westküste der USA selbst nannten, in einem zynischen Sinne nur konsequent: »Die herrschende Klasse verfolgt den Drogenesser nicht, weil sie Sorge um seine geistige und körperliche Gesundheit hätte, nicht, weil er sich ihrem Zugriff entzieht und weit ab von den Städten in die magische Einheit mit der Natur zurückkehrte, sondern weil sie befürchtet und befürchten muss, dass der Drogenesser, der auf seinen Reisen zum ersten Mal eine Vision von der Existenz des Menschen, des schönsten, intelligentesten Tiers des Planeten gehabt hat, nach seiner Rückkehr aus dieser Freiheit in das soziale Gefängnis, die vom Kapitalismus fabrizierte Einöde, nicht ausflippt, nicht ausweicht. Sondern dass er daran zu arbeiten beginnt, den Widerspruch zwischen dem Möglichen und der Wirklichkeit aufzulösen ...«[55]

Vesper baute darauf, dass sich die von Drogen bewirkte Bewusstseinserweiterung als positive Energie im politischen Bewusstsein des LSD-Essers niederschlagen und seine Bereitschaft fördern würde, die auf Trip gewonnenen Erkenntnisse in eine emanzipatorische Praxis umzusetzen. Er war nicht der Einzige, der das hoffte. Doch beim ernüchternden Blick auf die politische Realität musste er sich eines Besseren belehren lassen. Die bisherige Erfahrung habe nämlich gezeigt, »dass der Drogenesser, selbst wenn er im Augenblick der LSD-Einnahme schon über ein gesellschaftliches und politisches Bewusstsein verfügte, in gänzlich anderer Verfassung von seiner Reise zurückkehrte, nicht klarsichtiger, militanter, nicht mit erweitertem, sondern mit beschränktem Bewusstsein. Die Droge hat gewisse politische Gruppen in den Metropolen geradezu dezimiert, sie erscheint, wenngleich vom kapitalistischen Staat und den bürgerlichen Medien verfolgt, doch als deren Retter.«[56] An diesen Widersprüchen rieb Vesper sich auf. Je nach Lage schwankte sein Gemütszustand zwischen Euphorie und Resignation. Ronald Steckel hatte es gesagt: »Die Anwendung der psychedelischen Erfahrung auf die tägliche Praxis erfordert Anstrengungen in der Arbeit an sich selbst und in der sozialen Umwelt.«[57]

Doch die Zeiten, in denen Timothy Leary den LSD-Gebrauch noch als ein Phänomen der oberen Mittelschicht und der Akademiker beschrieb, waren längst vorüber. Die Droge war in soziale Milieus eingedrungen, die mit der politischen Agenda der Protestbewegung nichts zu tun hatten – und auch nichts zu tun haben wollten. Auch mit Learys Spielregeln von Set und Setting nahmen diese Konsumenten es nicht allzu genau. Und an Arbeit im Sinne von Verarbeitung waren sie erst recht nicht interessiert. Mit der Erweiterung der User-Szene wuchs die Gefahr einer, wie Steckel schreibt, »unsachgemäßen Anwendung«. Es war zu befürchten, dass die Zahl derer, die psychiatrische Hilfe beanspruchen mussten, wachsen würde: »Denn die positiven Wirkungen der Drogen, die Sensibilisierung der gesamten Wahrnehmungsapparatur und die Auflösung der konditionierten Persönlichkeitsstruktur können sich bei häufigem und unsachgemäßem Gebrauch in eine Gefahrenquelle verwandeln: Die Realitätskontrolle lässt nach oder geht gänzlich verloren, und die Betreffenden sind bisweilen nicht mehr in der Lage – oder nicht mehr daran interessiert –, ihr Verhalten in der Öffentlichkeit mit den

Spielregeln des sozialen Verkehrs in Einklang zu bringen.«[58]

Dass es eine Menge Leute gab, denen die Kontrolle über die Realität entglitten war, ist auch Vesper nicht entgangen. Wer ihm in den letzten Monaten seines Lebens begegnet ist, konnte spüren, unter welchem Druck er selbst stand. Wie so oft bei hochbegabten und kreativen Menschen war es nicht einfach, den schleichenden Übergang von der Wirklichkeit zum Wahn in Vespers Äußerungen und seinem nonverbalen Verhalten zu erkennen. Vieles klang, wenn auch extrem zugespitzt, immer noch vernünftig. Im übrigen weiß man doch: Wer illegale Drogen nimmt, entwickelt zwangsläufig paranoide Züge; je länger er an dieser Gewohnheit festhält, desto mehr. Das ist der Preis der Illegalität, selbst bei denen, deren Unrechtsbewusstsein gegen Null geht.

Besonders empfindlich reagierte Vesper immer dann, wenn die Kritik an seinen psychedelischen Visionen von außen kam, von den »Vegetables«, wie er die nannte, die über keine Erfahrungen verfügten und dennoch mitreden wollten: »Es sind die Vegetables. Alles hier ist Vegetable. Was nützt es, high zu sein, wenn man auf dem Grund dieses Morastes sitzt?«[59] In den USA nannte man das Gemüse mit der gleichen Verachtung in der Stimme »plastic people«. Martin Walser, der sich im *Kursbuch* vom März 1970 mit der »Neuesten Stimmung im Westen« befasste, bekommt Vespers Verachtung voll zu spüren.

Walsers durchaus legitimes Interesse galt denen, die ihr Heil in der Verweigerung und ihre Befreiung auf dem Weg nach innen suchten und dabei Drogen als Reiseproviant mit sich führten: »Zweifellos wissen die wirklich Jungen sehr genau, dass ihr Lebensalter zum Sales-Promotion-Faktor Nr. 1 gemacht wurde, aber dafür können sie sich nichts kaufen. Sie sehen sich vielmehr darauf angewiesen, ihr Heil in der Verweigerung, ihre Befreiung auf dem Weg nach innen zu suchen. Vor allem mit Hilfe von Drogen und Musik.«[60] Ganz unpolemisch stellt er fest: »Noch ist nicht gezeigt, wie einer, der vom Trip zurückkommt, etwas mitbringen kann, was ihm hier hilft. Es sei denn: Erinnerung. Und: Sehnsucht nach dem nächsten Trip.« Schwer genervt faucht Vesper zurück: »Das ist der Bogen, den ein paranoider Alkoholiker um die Selbsterkenntnis herum schlägt. Der Trick ist banal: Walser reduziert den Trip auf ›Stimmung‹.«[61]

Am Ende seines Romans kommt Vesper in einem Nachtrag unter der Überschrift »Der lange Marsch durch die Illusionen« noch einmal auf das erste überwältigende Triperlebnis zurück. Da lebte er bereits in Hamburg, wo ihn die psychiatrische Abteilung der Universitätsklinik Eppendorf aufgenommen hatte: »(Es war) auf der Bank im (Münchner) Hofgarten, als die Sonne aufging über dem Blaugrün der Oleanderstöcke und die Wellen des Trips mir die Worte aus dem Mund rissen – es ist wie auf dem Höhepunkt einer Psychose, du siehst so unendlich viel, was zusammengehört, du willst es aussprechen, niederschreiben, aber der andere vernimmt nur ein unartikuliertes Lallen, sieht unleserliche Kürzel …«[62]

Der Eintrag ist auf den 14. April 1971 datiert. Einen Monat später, am 15. Mai 1971, nahm Vesper sich das Leben. Es ist müßig, darüber zu spekulieren, ob sein Ende in einem direkten Zusammenhang steht mit seinem LSD-Gebrauch. In den Jahren, als die Protestbewegung zerfiel, mussten sich viele Aktivisten eingestehen, dass sie psychisch über ihre Verhältnisse gelebt hatten. Sie stiegen um. Sie stiegen aus. Einige rasteten aus. Doch nicht bei allen, die ausgerastet sind, waren Drogen im Spiel.

Wer weiß, welchen finanziellen Aufwandes es bedarf, ein Label weltweit als Markennamen zu etablieren, kann sich nur darüber wundern, wie gering der Aufwand war, die Drei-Buchstaben-Kombination LSD gleichrangig mit SOS und CIA im öffentlichen Bewusstsein zu verankern. Was bei der Vermarktung eines neuen Produktes gewöhnlich von Werbespots, Inseraten und Promotion-Kampagnen geleistet wird, übernahmen im Falle von LSD die Mundpropaganda des gewöhnlichen Users und der Bekenntnisdrang einiger prominenter Zeitgenossen. Großes Aufsehen in Learys Zielgruppe der oberen Mittelschicht erregte das Outing des Hollywood-Stars Cary Grant. Der nannte 1959 im Magazin *Look* seine LSD-Erfahrungen eines der wichtigsten Ereignisse seines Lebens. Es sei wie eine Neugeburt gewesen. Auch Literaten wie Aldous Huxley, Arthur Koestler und der Beatpoet Allen Ginsberg stimmten in den anschwellenden Chor der Lobredner ein. Ginsbergs 1959 veröffentlichtes Poem »Lysergic Acid« gilt als eines der ersten literarischen Werke, das LSD explizit zum Thema machte. Ginsberg setzte sich mit geradezu messianischem Eifer für die Verbreitung der Droge ein.

Nicht nur die Bekenntnisse von Stars und Prominenten, auch die LSD-Botschaften, die über die Musik und über die Mode transportiert wurden, trugen zur Popularisierung der neuen Droge bei.

Als die sechziger Jahre begannen, trugen junge Männer, wenn sie ausgingen, ein weißes Nyltest-Hemd, einen schmalen Schlips, wahlweise auch einen schwarzen Rollkragenpullover und eine Kurzhaarfrisur. Die jungen Frauen gingen in Faltenrock und Kniestrümpfen. Sie trugen Hochfrisuren. Als die sechziger Jahre zu Ende waren, trugen die jungen Männer wie die jungen Frauen die Haare lang und offen, und sie gingen, die Frauen wie die Männer, in wallenden bunten Gewändern. Im Wandel der Kleiderordnung, die bald schon kommerziell kopiert wurde, manifestierte sich ein neues Körperbewusstsein. Unter dem Einfluss von Drogen und dem Beat der neuen Musik verlangte der Körper danach, den Kleiderpanzer der traditionellen Mode zu sprengen. Am deutlichsten spürbar wurde die Befreiung des Körpers in der Musik unter Einwirkung von Drogen.

Musiker, Schriftsteller, Maler, Filmemacher und Schauspieler begannen sich reihenweise als Drogenkonsumenten zu offenbaren. In einem grell bemalten und mit einem lautstarken Soundsystem ausgestatteten Bus fuhr der amerikanische Schriftsteller Ken Kesey übers Land auf die Dörfer, wo er Partys veranstaltete und Happenings inszenierte. Nach dem Motto: Kommet alle herbei, sehet, es ist alles bereit, brachte er LSD massenhaft unter die Leute. Massenhaft und wahllos. Acid-Tests nannte er diese Veranstaltungen. Kesey hatte sich mit dem Roman *Einer flog über das Kuckucksnest* einen Namen gemacht. Der Roman wurde verfilmt. Jack Nicholson, ein bekennender LSD-Esser, spielte die Hauptrolle.

Zu Keseys Entourage gehörten auch Gründungsmitglieder der Grateful Dead. Neben Jefferson Airplane, The Doors, Jimi Hendrix, Pink Floyd, Lou Reed und Velvet Underground gelten sie als typische Vertreter des Psychedelic Rock. Auch die Rolling Stones und die Beatles durchliefen eine »psychedelische Phase«. John Lennon und George Harrison hatten sich, wie so viele damals, auf die Reise begeben: nach Indien, wo sie sich einem Guru anvertrauten, und nach innen, wo sie sich einem LSD-Trip aussetzten. Noch Jahre später schwärmt Harrison: »LSD hat mir ein ganz neues Bewusstsein eröffnet. Ich fühlte mich unglaublich wohl. Ich wusste auf einmal, dass es einen Gott gibt, und erkannte ihn in jedem Grashalm. Es schien mir, als könnte ich 100 Jahre Lebenserfahrung in nur zwölf Stunden erlangen. Ich war danach nicht mehr derselbe Mensch wie vorher.«[63] Ihren Indientrip verarbeiteten die Beatles in Form einer *Fusion* von klassischem Rock-Sound und indischen Klängen: Sitar, Tabla und Ravi Shankar – das ganze Programm.

Heißt das nun, nur wer als Künstler mit Halluzinogenen Erfahrung hat, ist in der Lage, einen psychedelischen Sound zu kreieren? Und heißt das, nur wer als Rezipient über entsprechende Erfahrung verfügt, ist fähig, das Psychedelische in der Musik zu erkennen? Was überhaupt ist das Psychedelische am Psychedelic Rock? Eine offene Frage, über die zu streiten nicht lohnt, denn es handelt sich nur um ein Label, wie auch Acid Rock, Acid Folk oder Acid Jazz nur Labels sind, geschaffen, um Stilrichtungen unterscheidbar und damit verkäuflich zu machen. In der Anfangsphase der Popkultur waren Journalisten zuständig für die Zuteilung von Labels und Etiketten. Später haben das die PR-Abteilungen der Plattenfirmen selbst übernommen.

Heute, 40 Jahre danach, wird der »Summer of Love« in den Medien als universelles popkulturelles Ereignis abgefeiert, obwohl es doch nur ein Special event an der Westküste der USA war. Die Zeitschrift *Musikexpress* hat aus diesem Anlass im August 2007 eine Liste der »25 besten Platten des ›Summer of Love‹« veröffentlicht. Auch wenn man sich bei einigen dieser Sommer-Hits fragt, was das Psychedelische an ihnen sein soll, belegt die Auswahl, dass 1967 ein popkulturell äußerst ertragreicher Jahrgang gewesen ist. Auf jedes dieser vom *Musikexpress* vorgestellten Alben trifft zu, was Josef Winkler über die Beatles und »Sgt. Pepper's Lonely Hearts Club

Band« schreibt: »Die Band auf der Höhe ihrer experimentierfreudigen Kreativität … schuf ein kaleidoskopisches Album, das in allen Belangen – musikalisch, produktionstechnisch, thematisch, stilistisch, gesamtästhetisch – Grenzen sprengte und ins musikalische Bewusstsein der Zeit einschlug.«[64]

Basis des neuen Sounds waren Blues-, Rock-, Gospel-Jazz- und Folkstandards. Sie wurden angereichert um psychedelische Effekte, exotische Instrumente und endlose meditative Improvisationen. Aber auch klassische Instrumente wie Streicher und Bläser kamen zum Einsatz. Der Sound wurde immer bombastischer. Eine neue Generation von Abspielgeräten intensivierte das Hörerlebnis. Das Stereo- und Highfidelity-Zeitalter hatte begonnen. Drogen haben, das steht außer Frage, das neue Hörerlebnis um ein Vielfaches potenziert. Dabei war auch LSD im Spiel, doch einmal mehr muss daran erinnert werden: LSD war nur eine Droge unter vielen im Angebot. Peyote, Psilocybin, Meskalin, Haschisch, Marihuana, Amphetamin und Kokain waren damals ebenso verbreitet wie LSD und all die Trips, die nach dem LSD-Verbot auf den Markt kamen.

Von allen Musikern, die nach spezifisch »psychedelischen« Ausdrucksformen suchten, war Jimi Hendrix der Radikalste und Kreativste. Er machte sich wie kein anderer den Qualitätssprung der Aufnahmetechnik zunutze. Auf der Bühne wie im Studio schuf er einen noch nie gehörten Klangraum von Echoeffekten, Rückkoppelungen und Verzerrungen. So wie er hatte noch niemand zuvor die elektrische Gitarre gespielt.

Auch in der Jazz-Szene hinterließ LSD Spuren. Allen Ginsberg hatte das »psychedelische Sakrament« an seine Freunde Thelonius Monk, Dizzy Gillespie und John Coltrane weitergegeben. Überliefert ist Coltranes Trip-Resümee. Er habe, sagt er, »die wechselseitigen Beziehungen zwischen allen Lebensformen wahrgenommen«.[65] Es ist davon auszugehen, dass Coltranes Erfahrungen mit LSD nicht ohne Rückwirkung blieben auf die Art, wie er danach seine Stücke komponierte, arrangierte und vortrug. Doch auch das Heroin, welches in seinem Blutkreislauf zirkulierte, dürfte nicht ohne Rückwirkung auf seine künstlerischen Ausdrucksformen geblieben sein. Die Großen des Jazz, deren Aufstieg in den fünfziger Jahren begonnen hatte, wissen von dieser Droge ein Lied zu singen.

Im oft nostalgischen Rückblick auf den LSD-Hype der sechziger Jahre wird gerne übersehen, dass »die Szene« unter starkem Druck stand, dass sich euphorische Stimmungen mit depressiven Verstimmungen ständig abwechselten. Die Realität in Gestalt von Eltern und Lehrern ließ sich nie völlig ausblenden. So zeigt Leary in seiner Autobiographie sogar ein gewisses Verständnis für die Entscheidung der Harvard-Universität, ihn und Richard Alpert zu entlassen: »Das größte Problem erwuchs aus dem chronischen Bestreben der Studenten, allen alles zu erzählen. Dutzende intelligenter junger Leute telefonierten nach Hause, um zu verkünden, dass sie Gott gefunden und das Geheimnis des Universums entdeckt hatten.«[66] Dafür hatte man seine Söhne und Töchter nun nicht gerade auf eine teure Elite-Universität geschickt. Die Universitätsleitung wurde massiv unter Handlungsdruck gesetzt, und sie gab dem Druck nach.

Die Droge selbst war illegalisiert worden. Auch das mussten die Söhne und Töchter aus gutem Hause erst lernen – mit Illegalität cool umzugehen. Das fiel schwer, denn es gehört zu den charakteristischen Eigenschaften von LSD, den User nach der Rückkehr vom Trip in eine Art Sprechzwang zu versetzen. Die erste LSD-Erfahrung wird als so außergewöhnlich und überwältigend erlebt, dass das Sprechen über diese Erfahrung zum unabdingbaren Bestandteil der Verarbeitung gehört. Da ist man gut beraten, wenn man sich die Leute, denen man sich anvertraut, vorher sehr genau anschaut. Andernfalls muss man mit Sanktionen rechnen.

Verarbeitet werden mussten auch die Sekundärfolgen der Illegalität. LSD zu nehmen, kam einer Mutprobe gleich. Niemand wusste, was genau er da schluckte. Es wurden eine Menge Horrorgeschichten erzählt. Was war Aufklärung? Was war Dämonisierung? Wem sollte man glauben? Wem konnte man vertrauen? So etwas schuf geradezu gesetzmäßig ein Gruppenbewusstsein und konstituierte eine Szene, die nach Verbündeten suchte. In dieser »Szene«, die längst sektenhafte Züge angenommen hatte, war man auf der Suche nach Gleichgesinnten eifrig damit beschäftigt herauszufinden, wer von den großen Platten-Stars auf was »drauf« war und welche geheimen Botschaften sich in ihren Songs verbargen. Akribisch wurden die Lyrics auf LSD-Anspielungen durchforstet, und nicht selten wurde dabei die Grenze zum Wahnhaften überschritten.

Das wohl bekannteste Beispiel für eine angeblich verborgene Botschaft ist der Beatles-Song »Lucy in the Sky with Diamonds«. Die Anfangsbuchstaben von Lucy, Sky und Diamonds ergeben LSD. Auch in dem Hendrix-Song »The Stars that play with Laughing Sam's Dice« soll eine Anspielung auf LSD stecken – Laughing, Sam und Dice. In den Lyrics des Beatles-Songs »Tomorrow Never Knows« sind deutliche Bezüge auf Learys Buch *The Psychedelic Experience* zu erkennen: »Turn off your mind, relax and float down stream«. (Stelle deinen Verstand ab, entspanne und lass' dich treiben.) Den Song »She Said She Said« habe er in Erinnerung an einen Trip mit Peter Fonda geschrieben, verbreitete John Lennon. Und so weiter und so fort. Very mysterious, das alles. Nur im Falle des Animals-Songs »A girl named Sandoz« erübrigt sich die Frage, was gemeint ist und worauf angespielt wird: »Well I met a girl called Sandoz / And she taught me many, many things / Good things, very good things, sweet things / I met her one sunny morning / It was hot but the snow lay on the ground / Strange things, very strange things, my mind has wings.« Ein sonniger Morgen, es ist heiß und auf dem Boden liegt Schnee, das klingt so surreal psychedelisch wie die Zeilen der deutschsprachigen Band »Novalis«: »Wer Schmetterlinge lachen hört, der weiß, wie Wolken schmecken / der wird im Mondschein, ungestört von Furcht, die Nacht entdecken.« Schmetterlinge, die lachen, Wolken, die schmecken, surreale Bilder wie diese sind die Folge einer Verschmelzung von Sinneseindrücken, die wie eine Fehlschaltung im Gehirn wirken. Solche Synästhesien – Farben, die man schmeckt, Musik, die man riecht – sind klassische Bestandteile eines Tripverlaufs.

Natürlich konnte es nicht ausbleiben, dass bei der Suche nach einschlägig erfahrenen »Bündnispartnern« auch Bob Dylans Werk auf Drogen untersucht wurde, schließlich war Dylan in den sechziger Jahren eine der in den USA wichtigsten und einflussreichsten Bezugspersonen der Gegenkultur. »Inside the museums, infinity goes up on trial / Voices echo this is what salvation must be like after a while / But Mona Lisa musta had the highway blues / You can tell by the way she smiles.« Mona Lisa auf dem Highway Blues und die Unendlichkeit vor Gericht, wer solche Zeilen schreibt, gibt zu erkennen, dass auch er zum Kreis der Erleuchteten gehört, dass er das Sakrament empfangen hatte und bereit war, sich einer außergewöhnlichen Erfahrung auszusetzen, selbst wenn ihm am Ende das Bewusstsein um die Ohren flog: *my conscience explodes*. Willkommen in der Gemeinde.

Doch seine »Visions of Johanna« sind nach Bob Dylans eigenem Bekunden weder unter LSD-Einwirkung entstanden, noch enthalten sie Anspielungen auf LSD-Erfahrungen. Zu LSD und dessen Propheten Timothy Leary hat Dylan eine sehr entschiedene Meinung. Er macht Leary für den Niedergang der New Yorker Szene, die in den frühen sechziger Jahren in ihrer Hochblüte stand, mitverantwortlich: »Ich glaube, Timothy Leary hatte eine Menge damit zu tun, die letzten Nägel in den Sarg jener New Yorker Szene zu treiben.«[67]

In einem Interview, das der *Playboy* 1978 veröffentlichte, spricht Dylan so deutlich wie nie zuvor über Drogen und die Rolle, welche Marihuana in den sechziger Jahren allgemein und in seinem eigenen Leben als Musiker gespielt hat: »Musiker zu sein bedeutet…, so tief wie möglich zu dem vorzudringen, der du bist. Und fast jeder Musiker tut alles, um dahin zu kommen, denn Musik zu machen ist eine unmittelbare Sache – anders als Farben auf eine Leinwand zu bringen, was eine kalkulierte Sache ist. Der Geist fliegt, wenn du Musik machst. Mit Musik versuchst du tiefer und tiefer zu dir selbst vorzudringen, um die Musik zu finden. Und deshalb, glaube ich, gab es so viel Gras in den Clubs.«[68]

Gras beziehungsweise Cannabis aktiviert Assoziationsketten im Hirn, die nüchtern nur schwer abrufbar sind. Diesen Effekt haben sich viele Autoren der sogenannten Beatgeneration beim Schreiben zunutze gemacht. William S. Burroughs hat seinen Roman *Naked Lunch* über weite

Strecken unter dem Einfluss von Cannabis geschrieben. Auch von Ginsberg gibt es entsprechende Bekenntnisse – nicht nur Marihuana, sondern auch LSD betreffende. Bei der Durchforstung von Dylans Werk will nun die psychedelische Fraktion auch bei ihm eine psychedelische Phase ausgemacht haben. Sie bezieht sich dabei auf die drei großen Alben, die Dylan Mitte der sechziger Jahre veröffentlichte: »Bringing It All Back Home«, »Highway 61 Revisited« und »Blonde on Blonde« – sowie auf »Tarantula«, sein erstes Prosawerk. Die akademische Fraktion dagegen ordnet diese Dylan-Werke seiner surrealistischen Phase zu.

Über den Zusammenhang von Surrealismus und Drogen wurde bereits in den zwanziger Jahren des vergangenen Jahrhunderts spekuliert. Auslöser waren die Haschisch-Versuche, die der Philosoph und Schriftsteller Walter Benjamin unternahm. Seine Protokolle und Notizen wurden, mit einem Vorwort von Hermann Schweppenhäuser versehen, 1972 unter dem Titel *Über Haschisch* bei Suhrkamp veröffentlicht.

Walter Benjamin und Ernst Bloch, sein »philosophischer Wahlverwandter«, deklarierten ihre Haschisch-Sessions als wissenschaftliche Experimente. Sie fanden unter Aufsicht zweier befreundeter Ärzte statt, Ernst Joël und Fritz Fränkel, die sich selbst auch als »VP« (Versuchspersonen) zur Verfügung stellten. In seinem Vorwort relativiert Schweppenhäuser jedoch den wissenschaftlichen Charakter dieser Experimente: »Aber wer in diesen Experimenten, von denen die nachgelassenen Versuchs-Protokolle und die Notizen handeln, heroische Veranstaltungen des Typs riskanter wissenschaftlicher Selbstversuche erblicken wollte, bei denen der Proband fatal Gesundheit und Leben als freiwilliges Opfer auf dem Altar des Fortschritts darbringt, würde das Charakteristische daran übersehen. Die Benjaminschen Haschisch-Versuche ereignen sich zwar nicht jenseits der intellektuellen Dimension, doch aber ohne das szientifische Pathos, und sowenig sie andererseits um der irrationalistischen Flucht aus der Intellektualität willen veranstaltet werden, spielen sie doch in der Dimension von ›Erleuchtung‹ … sich ab, wie sie gerade der narkotische Rausch gewähren kann.«[69]

Auch wenn der wissenschaftliche Wert dieser Experimente gering sein mag, nehmen Benjamins Beobachtungen und Reflexionen vieles von dem vorweg, was in den sechziger und siebziger Jahren über Drogen und deren Wirkung gesagt und geschrieben wurde. Und es fällt auf, dass alles, was Benjamin, Bloch, Fränkel und Joël »auf Droge« an schrägen Beobachtungen und skurrilen Wortgebilden zufällt, aus dem Fundus ihres immensen Wissens schöpft. Das führt Benjamin zu einer, was Drogen betrifft, elementaren Erkenntnis: »Man geht die gleichen Wege des Denkens wie vorher. Nur scheinen sie mit Rosen bestreut.« Viele der Beobachtungen und Reflexionen klingen, wie man heute sagen würde, ziemlich »bekifft«. Andere kommen aus tieferen Tiefen und erinnern an Trip-Erfahrungen.

Um die Protokolle und Notizen nachvollziehen zu können, müsste man mehr wissen über die Substanzen, die er und die anderen Teilnehmer der Experimente einsetzten. War es Haschisch? War es Marihuana? War es ein Cannabis-Extrakt aus dem Labor eines Pharmaproduzenten? Auch wüsste man gerne, woher sie ihren Stoff bezogen, in welcher Form und in welcher Dosierung sie ihn einnahmen. Oder rauchten? Oder gar injizierten? In diesem Punkt sind die Aufzeichnungen ungenau. Mal ist die Rede von Haschischessern mal von Haschischrauchern, mal von Süchtigen, mal von Vergifteten. Einige der Versuchsprotokolle enthalten Mengenangaben, andere nicht. In den Protokollen der »Haschischversuche« vom April 1931 ist einmal die Rede von 0,4 Gramm, das andere Mal von 1,0 Gramm. Während sich die Dosis des ersten Versuches als nicht ausreichend erwies, brachte die 1,0-Gramm-Dosis die erwünschte Wirkung. Allerdings erst mit einer gewissen Zeitverzögerung. Was Benjamin, als der Trip endlich zu laufen begann, zu der Äußerung veranlasste: »Die Firma Merck bewährt sich.« Die Art der Beobachtungen und die Intensität des Erlebens lässt nur einen Schluss zu: Benjamin hat die Droge geschluckt beziehungsweise gegessen. Und es ist zu vermuten, dass der Stoff, zumindest bei den Experimenten in Gegenwart der beiden Ärzte, von der Firma Merck kam. (Der Darmstädter Apotheker Emanuel Merck hatte bereits Mitte des 19. Jahrhunderts seine ersten Präparate auf den Markt gebracht. Mit seinen Spezialtinkturen auf der Basis von Cannabis legte er den Grundstein für ein weltweit agierendes Pharmaunternehmen.[70])

Was Benjamin auf Haschisch erlebt und erfahren hat, lässt sich durchaus als Trip bezeichnen. Denn die orale Einnahme von Haschisch oder Marihuana bewirkt bei entsprechender Dosierung LSD-ähnliche Zustände. Ähnliche, nicht identische! Der entscheidende Unterschied: Hat die LSD-Reise erst einmal begonnen, ist sie nicht mehr zu stoppen. Das ist anders bei der oralen Einnahme von Cannabis, vorausgesetzt, die Dosierung hält sich im Rahmen des Vernünftigen. Erfahrene Haschischesser sind immer wieder selbst darüber erstaunt, wie schlagartig nüchtern sie werden, wenn Druck von außen kommt und die Realität, etwa bei einer Polizeikontrolle, sich zurückmeldet.

Benjamin hatte bei seinen Haschisch-Experimenten offenbar nie die Erfahrung eines Horrortrips gemacht. Dennoch war dem in Jerusalem lebenden Religionswissenschaftler Gershom Scholem das Ganze nicht ganz geheuer. Benjamin hatte den Freund unter der Auflage strengster Verschwiegenheit in seine Drogenversuche eingeweiht. Doch Scholem ahnte, dass Benjamins Interesse an Haschisch wohl über das rein Wissenschaftliche hinausging. Er verstand nicht, warum der Freund sich mit dieser und anderen Drogen abgab. (Die Suhrkamp-Sammlung enthält auch das Protokoll eines Meskalin-Versuches.) Um der Geschichte einen Sinn zu geben, tröstete Scholem sich mit der Vermutung, dass Benjamins »Begegnung mit dem Surrealismus wahrscheinlich die Grundlage für seine Experimente mit Haschisch war«.[71] Es könnte allerdings auch umgekehrt gewesen sein: Erst die Begegnung mit Haschisch bereitete die Grundlage für Benjamins Beschäftigung mit dem Surrealismus.

Was noch einmal zu Dylan führt: Seine surrealen Visionen, die man auch psychedelische Visionen nennen darf, sind Ausdruck einer außergewöhnlichen poetischen Intelligenz. Ob Drogen bei der Ausformulierung dieser Visionen unterstützend mitwirkten, ist letztlich egal. Sollten aber Drogen bei Dylans surrealen Sprach- und Bildschöpfungen eine Rolle gespielt haben, dann war es sicherlich kein LSD. Denn auf die Frage des *Playboy*, ob Psychedelika einen ähnlichen Einfluss wie Cannabis auf sein künstlerisches Schaffen gehabt haben, antwortet Dylan kurz und knapp: »Nein. Psychedelika hatten nie irgendeinen Einfluss.« Dylan hatte deutliche Vorbehalte gegen das Vordringen synthetischer Drogen. »Ende der sechziger Jahre waren die Drogen künstlich.«[72] Das ganze Zeug – »all that stuff« – werde in Laboratorien hergestellt. Als

Psychedelika aufkamen, sei alles »irrelevant« geworden, sagt er. »Das hatte nichts mehr zu tun mit Musikmachen, Gedichteschreiben oder zu versuchen, zu dir selbst zu finden hier und jetzt.«

Dylans Urteil, alles sei irrelevant geworden, als LSD auftauchte, artikuliert ein damals weit verbreitetes Unbehagen an den Errungenschaften der Pharmaforschung – ein Unbehagen, das angesichts der steigenden Pharmakologisierung des Alltags gewachsen ist. Irgendwann werden, wie der amerikanische Politologe Francis Fukuyama schreibt, die Grenzlinien verwischen »zwischen dem, was wir aus eigener Kraft erreichen, und dem, was wir aufgrund des Pegelstandes an verschiedenen Chemikalien in unserem Hirn zuwege bringen«.[73] Ist dieser Zustand erst einmal erreicht, dann wäre das gleichbedeutend mit dem Ende der menschlichen Kreativität. Es machte jeden Versuch, »zu dir selbst zu finden hier und jetzt«, irrelevant.

Man muss Dylans Abneigung gegenüber Leary und dessen Weltanschauung nicht teilen. Gut begründet ist sie. Und sie ist auch alles andere als eine Einzelerscheinung. Über die Zahl der meist jungen und sehr jungen Menschen, die in den sechziger Jahren auf Trip gingen, kann man nur spekulieren. Weltweit waren es sicherlich einige Millionen. Ebenso erwähnenswert ist aber auch der Anteil derjenigen, die sich bewusst einer LSD-Erfahrung verweigerten, obwohl sie sich in der Subkultur bewegten und LSD immer eine Option war. Sie hatten ihre Gründe.

Ob Timothy Leary Dylans Vorbehalte ihm gegenüber kannte, ist nicht bekannt. Bekannt sind dagegen die Vorbehalte, die Leary gegenüber Dylan hatte. Und gegenüber John Lennon. Und gegenüber Mick Jagger. In seinen unter dem Titel *Neuropolitics*[74] 1977 veröffentlichen Knastschriften rechnet Leary mit Jagger, Lennon und Dylan in einem hasstriefenden Pamphlet ab. Er sieht in ihnen Agenten einer »Outlaw-Industrie«, die den Aufbruch der sechziger Jahre orchestrierte und mit Hilfe von Rechtsanwälten kontrollierte. Dabei sei es immer nur um Geld gegangen. Viel Geld. Sehr viel Geld. So habe Lennon aus reiner Profitgier »den Slogan eines Gouverneurskandidaten« – »Come Together« – ausgebeutet, wie er auch das Motto der militanten Schwarzen – »Power to the People, Right on« – und den Slogan der Friedensbewegung – »Give Peace a Chance« – für seine Zwecke instrumentalisiert habe.

Erfolgreicher als alle anderen im »Absahnen« und »um einiges bösartiger« sei jedoch Robert Zimmerman gewesen, »der sich fürs erste einen Platz auf der Medienbühne erschwindelte, indem er den Namen eines walisischen Lyrikers annahm und Plastik-Protestsongs zu Barbiturat-Beat sang«. Mit seinen nihilistischen Songs habe Dylan »tiefgreifenden neurologischen Schaden« angerichtet, auch wenn, wie Leary höhnisch anmerkt, »elektroide, von elektronischer Gehirnprogrammierung roboterisierte Primaten« natürlich nicht mitbekamen, was mit ihnen geschah. Selbst die »Weathermen«, die seine Flucht organisiert und ihm den Weg nach Algerien geebnet hatten, sind in Learys Augen nichts als eine »Gruppe von Dylan-Groupies, eine konfuse Bande von flüchtigen Terroristen«.

Learys Hasstiraden gegen Lennon und Co. sind selbst seinen hartnäckigsten Gefolgsleuten peinlich. Zur Verteidigung des Meisters führen sie an, dass das Kapitel »Die Outlaw-Industrie« in der Isolation des Bundesgefängnisses von San Diego entstanden sei. Das erkläre einiges. Und in der Tat: Ein paar Jahre später, als Leary seine Autobiographie veröffentlichte, klingt alles wieder ganz anders. Nun erfährt der Leser, dass es sich bei dem seines Slogans beraubten Gouverneurskandidaten um Leary selbst handelte. Voller Stolz berichtet er von der Zusammenarbeit mit Lennon, der mit »Come Together« seine Kampagne um das Gouverneursamt unterstützten wollte. Auch vergisst er nicht, all die anderen Prominenten, die ihm zur Seite standen, zu erwähnen. Name-dropping war, ganz im Sinne von Marshall McLuhans Verkaufsstrategie, eine seiner Spezialdisziplinen.

Das im Gefängnis entstandene Werk *Neuropolitics* ist ein wüstes und wirres Dokument eindimensionalen Denkens. Es ist das Manifest eines Verschwörungstheoretikers. Wie in Machwerken dieser Art üblich, bedient sich auch Leary hemmungslos antisemitischer Klischees. Dass dieses Werk eines verwirrten Geistes einen deutschsprachigen Verlag gefunden hat, auch das ist bemerkenswert.

Wer sich auf LSD einlässt, begibt sich in Bereiche des Bewusstseins und der Wahrnehmung, die sich der Kontrolle entziehen. Das ist riskant. LSD kann tiefe Spuren in der Psyche eines Menschen hinterlassen. In den Werken von Künstlern und Wissenschaftlern mit einschlägiger Erfahrung werden sie sichtbar – Haschisch und Wein, Wodka und Whisky, Opium, Kokain, Morphium, Heroin und Bier, sie alle haben ihre Spuren hinterlassen in der Literatur, in der Musik, in der Malerei und in der Grafik.

Selbstverständlich gilt das auch für LSD. Doch von heute her gesehen ist die psychedelische Ära mit ihrer dekorativ-ornamentalen Malerei, ihren lässig bunten Klamotten und ihrer meditativ-sphärischen Musik nicht mehr als eine von vielen Episoden der an Episoden reichen

Popkultur. Sie hatte eine Blütezeit, bevor sie in die Welt der Mode und der Werbung und von dort in die Vergessenheit geriet. In der Ästhetik der Techno-Kultur erlebte sie in den achtziger Jahren ein kurzes Revival. Heute überwintert sie in den Nischen der Esoterik und des Kunsthandwerks.

3

»Die Öffnung des Bewusstseins in den sechziger Jahren hatte revolutionäre Auswirkungen, und wenn wir auf die achtundsechziger Kulturrevolution von heute aus zurückschauen, dann waren es tatsächlich nicht die politischen Konzepte und Parolen dieser Zeit, die überlebt haben und heute selbstverständlich sind, es waren die kulturellen Impulse – von der Wiederentdeckung der Natur, die zum ökologischen Denken und Aufstieg der Grünen führten, über die Wiederentdeckung des Weiblichen bis zur Befreiung der Sexualität und Lebensstilen aus bürgerlichen Zwängen und der Hinwendung zu östlicher, ganzheitlicher Philosophie und Spiritualität ... Es waren nicht die ›Politköpfe‹ und ihre Parolen, die die entscheidenden Impulse dafür legten, es waren die Hippies, die Kommunarden, die ›Körnerfresser‹ und Langhaarigen, nicht die politischen, sondern die existenziellen Kämpfer. Und insofern scheint auch für die Zukunft, sowohl des Planeten als auch jedes einzelnen, die Reihenfolge wichtig, die sie in diesem Kampf angaben: ›Free your mind and your ass will follow‹.«[75]

Befreie deinen Verstand und dein Arsch wird folgen. Noch so einer, der wie der amerikanische Romancier Tom Robbins glaubt, den Modernisierungsschub der sechziger Jahre, jener Dekade, »die allen Dekaden davor und danach die Show gestohlen hat«, auf den Gebrauch von psychoaktiven Substanzen und die Entwicklung eines alternativen Lebensstils reduzieren und alles, was sonst noch politisch gelaufen ist, vernachlässigen zu dürfen. Mathias Bröckers, der auf dem Basler Symposium dieses Loblied auf die »existenziellen Kämpfer« anstimmte, referierte zum Thema »Vom ›Open Mind‹ zur ›Open Source‹: Wie die Gegenkultur der sechziger Jahre zum Personal Computer und zur unbegrenzten Information führte«. Hofmanns Entdeckung habe nicht nur die Kultur des 20. Jahrhunderts entscheidend geprägt, so seine These, sie beeinflusste auch technologische Entwicklungen. Ohne die Inspiration durch LSD wären Personal Computer, Internet und »Open Source«-Software nicht entstanden oder, wie er vorsichtig einschränkt, »so nicht entstanden«. Die Acid-Heads haben den Grundstein für das gelegt, was wir heute als Computerrevolution und Informationszeitalter bezeichnen, sagt Bröckers, der sich die 1995 im *Time-Magazine* veröffentlichte Argumentation von Stewart Brand zu eigen macht: »Vergesst Anti-Kriegsprotest, Langhaarige und Woodstock – das eigentliche Erbe der Sechziger-Jahre-Generation ist die Computerrevolution.« Steve Jobs, der Mitbegründer von Apple, habe gegenüber John Markoff erklärt, dass LSD-Erfahrungen »zu den drei wichtigsten Erlebnissen meines Lebens« gehören.[76] Auch zahlreiche andere Pioniere des Internetzeitalters hätten sich entsprechend geäußert. Eine ziemlich dünne Beweisführung.

Bröckers stützt seine Thesen auf ein Buch von John Markoff, der für die *New York Times* die Entwicklung der Computer-Industrie als Senior Writer über drei Jahrzehnte hinweg begleitet, beschrieben und kommentiert hat. Markoff zieht Verbindungslinien von der psychedelischen Subkultur der sechziger und siebziger Jahre hin zur Computer-Community, die gerade dabei war, die Informationstechnologie zu revolutionieren. Drogenerfahrungen galten zu der Zeit nicht nur in der Werbebranche als Qualifikationsmerkmal. Das zeichnete sich schon früh ab. Zwischen Haight-Ashbury, dem kalifornischen Hippie-Zentrum, und Silicon Valley, wo die Digitalisierung der Informationstechnologie mit Hochdruck vorangetrieben wurde, gab es einen regen Personalaustausch, einen Brain-train, der bis ins Raumfahrtzentrum von Houston/Texas führte, wo all die galaktischen Träume und kosmischen Phantasien eines von Halluzinogenen geprägten Bewusstseins in einem Programm zur Eroberung des Weltraums aufgingen.

Da Bröckers angesichts der »spirituellen Explosion« den politischen Diskurs der sechziger Jahre für bedeutungslos hält, ist ihm entgangen, dass es in der Hippieszene, was die Zukunft des Planeten betrifft, von Anfang an Zweifel gab, ob das, was Euphoriker wie Tom Robbins, Stewart Brand oder er selbst Fortschritt nennen, den Namen auch wirklich verdient. Man muss ja nicht gleich so weit gehen wie der Molekularbiologe, Chemiker und Philosoph Erwin Chargaff, der am Ende seines Lebens im 20. Jahrhundert zu der Erkenntnis gelangte, dass jeder Sieg über die Natur mit einer Niederlage erkauft wird. Seine persönliche Schlussfolgerung: »Ich bin gegen den Fortschritt. Ich leugne, dass es ihn gibt.«[77] Etwas weniger radikal, aber deutlich genug, stemmt sich auch der im April 2007 verstorbene US-amerikanische Schriftsteller Kurt Vonnegut gegen den herrschenden Forschrittsbegriff. In einer Rede, die er im März 2006 an der Ohio University hielt, rief er den Studierenden zu: »Zur Hölle mit den Fortschritten der Computertechnologie. Ihr sollt fortschreiten und dabei keine Computer werden. Findet heraus, was in euch selbst verborgen ist. Und tötet niemanden.«[78] Das studentische Publikum verabschiedete Vonnegut mit einer Ovation.

Zum Erbe der Hippies gehört eben auch die Kritik am Konsumismus und die Sehnsucht nach einem Leben im Einklang mit der Natur sowie der Zweifel am technischen Fortschritt und an der Hybris der Weltraumeroberung: »Oh, man has invented his doom / First step was touching the moon«. Der Mensch hat seinen Untergang eingeleitet. Der erste Schritt war, den Mond zu betreten, singt Bob Dylan. Der Song heißt »Licence To Kill«.

Die von LSD bewirkten Wahrnehmungsveränderungen und deren Rückwirkungen auf das Bewusstsein haben auch die Entwicklung der Informationstechnologie beeinflusst. Wer will das bestreiten? Manche technische Innovation verdankt ihre Inspiration der Erinnerung an psychedelische Erfahrungen und Wahrnehmungen. Design und Farbgebung, Benutzeroberfläche und Grafik der ersten Personal Computer sind sichtlich beeinflusst von der Ästhetik der Popkultur und deren psychedelischen Elementen. Von den Gründerzeitfirmen hatte Apple die Bedeutung der Oberflächenästhetik und des Designs bei der Vermarktung seiner Produkte als erste erkannt. Zum Erfolg von Apple trug aber auch der den Lebens- und Arbeitsgewohnheiten seiner Produktentwickler angepasste lockere, flexible Arbeitsstil bei. Nebenbei: Als aus Hippies Jungunternehmer wurden, die erst in Garagen und dann in Hightech-Zentren ihre psychedelischen Phantasien in verwertbare Technologien umwandelten, änderten sich auch die Drogengewohnheiten. Jetzt war Speed gefragt. Kokain und Amphetamin als Antriebskraft und Marihuana als Mittel zum Gegensteuern und Runterkommen.

Bröckers Behauptung, ohne die Inspiration von LSD wären weder der Personal Computer noch das Internet entstanden, ist ausgemachter Unsinn und Ausdruck einer verblendeten Wahrnehmung der jüngsten Technik-Geschichte. Richtig ist: Was die Marktreife ihrer Produkte betraf, waren viele der im Silicon Valley angesiedelten IT-Anbieter den Entwicklungen anderswo, etwa in der Sowjetunion, aber auch in Japan, meist einen Schritt voraus. Doch das Schrittmaß wurde im Laufe der Jahre immer kleiner. Hätten die kalifornischen Produktentwickler den Personal Computer und das Internet verschlafen, dann hätten sich eben sowjetische oder japanische Produktentwickler an die Spitze des Fortschritts gestellt. Der Abstand war eh nur gering. Weder in der Sowjetunion noch in Japan aber spielte LSD eine Rolle.

Bröckers Thesen sind nicht nur albern, sie sind auch ärgerlich. Denn wer die Einführung des Internets auf das Kommunikationsbedürfnis von bekifften und halluzinierenden Hippies zurückführt, unterschlägt, dass es das Kommunikationsbedürfnis des Militärs war, welches das Internet möglich machte und seine Entwicklung vorantrieb.

In seinem Buch *Das Netz – die Konstruktion des Unabombers* hat Lutz Dammbeck diese Entwicklung nachgezeichnet. Sie führte vom Arpanet, das die Computer militärischer Kommandozentralen verbinden sollte, zum Internet, das allen und jedem zugänglich ist und jeden mit jedem vernetzt.

Bei seinen Recherchen geriet Dammbeck in eine, wie er schreibt, »seltsame Sache«. Er trifft auf einen, der seine eigene Begeisterung für die Entwicklung der Computerindustrie und die Digitalisierung des Lebens nicht teilt. Er trifft auf den Mathematiker Ted Kaczynski, der, getrieben von einem »anti-technologischen Fundamentalismus«, sich von den Computer-Hippies seiner Generation distanzierte, seinen Universitätsjob aufgab und den Kampf gegen die Vernetzung aller Lebensbereiche aufnahm. Mit terroristischen Mitteln. In seinem Manifest »Die industrielle Gesellschaft und ihre Zukunft«[79] begründet er seine Haltung. Er prophezeit, dass es bald keinen Ort mehr auf dem Planeten geben werde, wo sich das Individuum der Überwachung durch Computer entziehen könne. Vieles von dem, was Kaczynski in seinem Manifest schreibt, ist höchst bedenkenswert und sollte öffentlich erörtert werden. Abschreckend ist die autoritär-apodiktische Sprache des Manifestes, dessen Tonfall an die Verlautbarungen der RAF erinnert.

Kaczynski zieht Ende der siebziger Jahre nach Montana. Er lebt zurückgezogen unter einfachsten Bedingungen in einer Hütte. Hier betreibt er seine Studien. Hier bastelt er an den Briefbomben, die er an führende Wissenschaftler und Propagandisten der Computerrevolution und an Manager von großen Fluggesellschaften verschickt. Drei Menschen sterben und 23 werden zum Teil schwer verletzt, bevor das FBI ihn fasst. Sein Bruder hatte den Fahndern den entscheidenden Hinweis gegeben. Der unter dem Codenamen »Unabomber« – eine Wortkombination von university und airline bomber – vom FBI gejagte und schließlich gestellte Computer-Dissident wurde zu lebenslanger Haft verurteilt. Weil er sich, so der Deal mit dem Gericht, schuldig bekannte, entging er dem elektrischen Stuhl: »Kein regulärer Prozess mit einer Beweisaufnahme, keine Einweisung in die Psychiatrie, kein Todesurteil und keine Möglichkeit auf Begnadigung.« Das war der Deal. »Ted Kaczynski bestreitet bis heute, der Unabomber gewesen zu sein.«[80]

Dammbeck versucht zu verstehen, wie sich der mit einem IQ von 170 und einer Professur an der Harvard Universität ausgestattete Mathematiker zu einem fanatischen Technologiegegner entwickeln konnte. Woher, fragt Dammbeck, rührte Kaczynskis »spätere Angst vor Computern und psychologischen Kontrolltechniken, wie sie in diesen Jahren in den geheimen Labors der US Army entwickelt werden«? Dammbecks Hinweis auf die »geheimen Labors der US Army« ruft eine weitere Eigenschaft von LSD in Erinnerung, ein Spezifikum, das LSD und Halluzinogene insgesamt von anderen psychoaktiven Substanzen unterscheidet.

Was die Handhabung von Drogen und die Durchsetzung der Prohibition so schwierig macht, ist die Doubleuse-Funktion fast aller Substanzen. Sie sind Rauschdroge und Medikament in einem. Im Falle von LSD muss man sogar von einem dreifachen Gebrauchswert sprechen: LSD ist ein Medikament, eine Rauschdroge und ein chemischer Kampfstoff. Dessen Einsatzmöglichkeiten wurden von der US Army wie von der CIA in vielen Laborversuchen an Testpersonen über Jahre hinweg untersucht. Ted Kaczynski war eine dieser Versuchspersonen.

Geleitet wurde das Experiment von dem Psychologen Henry A. Murray, der, ganz im Sinne der Macy-Konferenzen, von der Idee besessen war, einen neuen Menschentypus zu schaffen, der immun sein sollte gegen alle Spielarten des Totalitarismus. Murray, der in den vierziger Jahren eine Studie für den Geheimdienst OSS erstellte, mit der er Hitlers Persönlichkeitsstruktur zu entschlüsseln versuchte, hatte sich im Laufe seiner akademischen Karriere zu einem Spezialisten auf dem Gebiet des Social engineering entwickelt.

Dokumente, die Murrays Rolle bei den Tests, denen der junge Kaczynski ausgesetzt war, näher beleuchten würden, konnte Dammeck bei seinen Recherchen nicht auftreiben. Zwar existieren noch einige der Versuchsaufzeichnungen, doch die Kaczynski betreffenden sind unauffindbar. Sie dürften mit den Akten und dem Filmmaterial verschwunden sein, das die CIA illegal vernichtete, als das geheime Forschungsprogramm MK-Ultra aufflog. Solange Kaczynski sich weiterhin beharrlich weigert, über seine Vergangenheit zu reden, wird es nicht möglich sein, herauszufinden, ob es einen Zusammenhang gibt zwischen dem LSD, das ihm verabreicht wurde, den Tests, denen er sich unterzogen hatte, und dem radikal-fundamentalistischen Einstellungswechsel, der ihn schließlich zu einem Terroristen machte.

Murray war ein wichtiger Verbindungsmann der CIA zu universitären Forschern und Forschungseinrichtungen, die mit LSD und verwandten Stoffen arbeiteten oder zu arbeiten vorhatten. Diese Verbindung hat von heute her gesehen einen Hautgout. Denn heute weiß jeder, der es wissen will, welche obskure Rolle Geheimdienste wie die CIA oder die mit CIA-Agenten bestückte Drug Enforcement Administration (DEA) spielen und in welche Verbrechen sie verwickelt sind. Doch damals, unmittelbar nach dem Ende des Krieges, sahen die an den Macy-Konferenzen teilnehmenden Wissenschaftler keinen Grund, Geheimdienstleute von ihren Sitzungen auszuschließen. Viele Wissenschaftler hatten mit Geheimdiensten kooperiert, als es darum ging, den Hitler-Faschismus niederzuringen. Zu der Zeit zählten die Meriten noch, die sich Armee und Geheimdienste bei der Befreiung Europas erworben hatten.

Während also die meisten Wissenschaftler noch mit der Aufarbeitung des Naziterrors beschäftigt waren und nach Konzepten suchten, das Verhalten von Menschen so zu beeinflussen, dass sie den Verlockungen einer autoritären Ideologie nicht noch einmal erliegen, verfolgte die CIA bereits ganz andere Ziele. Ihre Aktivitäten galten nicht der Friedenssicherung, sondern der Kriegsführung. Der Kalte Krieg hatte längst begonnen. Die Angst vor Unterwanderung und Spionage steigerte sich bis zur Paranoia. Der jeweils anderen Seite wurden die schlimmsten Absichten unterstellt, was wiederum Kräfte und Forschungsmittel freisetzte für Projekte, die dazu beitrugen, die schlimmen Absichten des Gegners zu unterlaufen. Die Rüstungsspirale drehte sich auch im Sektor der chemischen Kriegsführung. Auf beiden Seiten des Eisernen Vorhangs. Davon ist jedenfalls auszugehen, auch wenn über entsprechende Experimente auf der anderen Seite bisher nur wenig an die Öffentlichkeit gedrungen ist.

Anfangs galt das Interesse des Office of Strategic Services (OSS), das nach dem Krieg in Central Intelligence Agency (CIA) umbenannt wurde, der Entwicklung einer Wahrheitsdroge. Sie sollte bei Verhören eingesetzt werden. Dabei wurden auch Versuche mit LSD unternommen. Ein Netzwerk von Ärzten und Wissenschaftlern anderer Fachbereiche arbeite der CIA zu. So wurde der Geheimdienst über alles, was an den Universitäten geschah und von Interesse war, auf dem Laufenden gehalten. Die CIA hatte alles immer unter Kontrolle. Über Stiftungen wie die Josiah Macy Jr. Foundation kanalisierte sie die Zuteilung von Forschungsmitteln. Sandoz Pharmaceuticals lieferte den Stoff. Aus Vermarktungsgründen war der Pharmakonzern an Forschungen zur Therapie von Kranken interessiert. Anders die CIA, sie wollte wissen, wie die Droge bei normalen, gesunden Menschen wirkt. Wohl auch deshalb lehnte Albert Hofmann es ab, sich an diesen Forschungen zu beteiligen, obwohl die CIA »alle zwei Jahre oder so«, wie er sich erinnert, Kontakt zu ihm aufnahm und ihn zur Mitarbeit aufforderte.

Auch das Chemical Corps der US-Streitkräfte unternahm eine Serie von LSD-Tests. Bis Mitte der sechziger Jahre hatten sich 1500 Militärangehörige als Versuchspersonen zur Verfügung gestellt. Die für den ordnungsgemäßen Verlauf der Tests verantwortlichen Psychiater betonen mit Nachdruck, dass ihre Probanden auf die bevorstehenden Tests eingestellt worden waren, dass sie also wussten, worauf sie sich einließen. Zur Steigerung der Motivation wurde dem Forschungsprogramm ein ethisch-moralischer Überbau verpasst: Die Entwicklung von psycho-chemischen Waffen führe zu einer Humanisierung des Krieges. Pillen, die den Gegner vorübergehend außer Gefecht setzten, seien humaner als Kugeln und Granaten. Und natürlich fehlte auch nicht der Hinweis auf die Aktivitäten der anderen Seite.

Schon die Nazis hatten mit psychoaktiven Substanzen experimentiert. SS-Ärzte führten in Dachau Versuche mit Meskalin durch. Bereits in der Frühzeit der Naziherrschaft war Dachau einer der wichtigsten Medizinstandorte des Reiches. Die als Alternative zur Schulmedizin konzipierte »Neue Deutsche Heilkunde« setzte auf die heilsame Potenz von Kräutern, die in großem Umfang und unter Einsatz von KZ-Häftlingen in Dachau angebaut und verarbeitet wurden. Die dem KZ angegliederte Forschungsstätte galt als das größte Heilpflanzenforschungsinstitut Europas. Rudolf Höß, der, bevor er Lagerkommandant in Auschwitz wurde, als Blockführer in Dachau tätig war, begründete den Anbau von Heilpflanzen und Gewürzen mit dem festen Willen der Partei, »das deutsche Volk von gesundheitsschädigenden fremden Gewürzen und künstlichen Medikamenten abzubringen und auf den Gebrauch … natürlicher Heilkräuter« umzustellen.[81] Mit Beginn des Krieges und dem Ausbleiben von ausländischen Grundstoffen zur Herstellung von Medikamenten wurde die Heilkräuterproduktion weiter vorangetrieben. Auch in Buchenwald, Mauthausen und anderen KZs wurden Kräutergärten angelegt. Doch selbstverständlich spielten Pharmadrogen, auch wenn deren Verwendung im Widerspruch zur braunen Ideologie stand, bei der Versorgung der Bevölkerung eine weiterhin wichtige Rolle. Zu Recht hat Werner Pieper das von ihm herausgegebene Werk über Drogen im Dritten Reich *Nazis on Speed* genannt. Vor allem in den Jahren des Krieges waren Amphetamine (Pervitin) Bestandteil der Grundversorgung. Und selbstverständlich wurden mit allen Substanzen, ob sie nun aus dem Kräutergarten oder aus einem Pharmalabor kamen, Versuche am Menschen unternommen.

Die in Dachau tätigen Forscher waren also gut eingearbeitet, als sie den Auftrag erhielten, Versuche an Häftlingen unter Einsatz von Meskalin durchzuführen. Zwar sollen Meskalin-Experimente auch in anderen Konzentrationslagern durchgeführt worden sein, doch in bezug auf Dachau ist die Quellenlage am eindeutigsten.

Erste Versuche mit dem aus dem Peyote-Kaktus extrahierten Meskalin wurden schon um die Jahrhundertwende gestartet. Wie später bei der Einführung von LSD, glaubten die Forscher, ein Elixier entdeckt zu haben, das ihnen helfen würde, den Ablauf einer Psychose nachzuvollziehen. Wie später, als LSD-Forscher sich Selbstversuchen unterzogen, waren auch damals Psychiater bereit, die Droge an sich selbst zu erproben, um eine »transitorische Psychose« zu simulieren. Modell-Psychose nannte man das später. Diese Art von Grundlagenforschung, zu der auch die Arbeit mit freiwilligen Versuchspersonen gehörte, entsprach damals – und entspricht noch heute – anerkannten medizinisch-ethischen Prinzipien. Was die Forscher in

Dachau und anderen KZs betrieben, war dagegen reine Folterforschung im Rahmen einer Vernichtungsstrategie. Heeresleitung und Gestapo waren dringend interessiert an der Entwicklung einer Verhördroge, die sie befähigte, den Widerstand eines Gefangenen auf pharmakologischem Wege zu brechen. Sozialhistoriker fanden nach Befreiung der KZs Berichte von grauenhaften Experimenten. Sich nach dem Sieg über Nazi-Deutschland der Ergebnisse der Nazi-Forschung zu bemächtigen und SS-Forscher in ihre eigenen Projekte zu integrieren, bereitete der Siegermacht USA jedoch keine Probleme.

Auch die Verbündeten der USA betrieben entsprechende Forschungen. In Frankreich wurden auf der Suche nach einem Wahrheitsserum sogenannte Narkoanalysen durchgeführt. Der britische Geheimdienst MI 6 führte – auch hier auf der Basis von Freiwilligkeit, wie die Armeeführung betont – LSD-Tests an einer unbekannten Zahl von Militärangehörigen durch. Erst jetzt, fünfzig Jahre später, bestätigt sich, was Kritiker der Militärforschung schon immer vermutet hatten: Mit der Freiwilligkeit der Versuchspersonen war es nicht weit her. Die britische Regierung sah sich im Februar 2006 gezwungen, drei der damaligen Testpersonen zu entschädigen. Die Probanden waren, eben anders als die Armeeführung verlauten ließ, nicht wirklich aufgeklärt worden über die Wirkungen, die sie zu erwarten hatten, und die Risiken, die sie eingingen. Selbst wenn man akzeptiert, was die Forscher zu ihrer Rechtfertigung anführen, dass es bei Strafgefangenen, psychisch Kranken oder Armeeangehörigen, die an Menschenversuchen teilnehmen, so etwas wie Freiwilligkeit geben kann, lassen die in die Öffentlichkeit gelangten Berichte über die Versuchsanordnungen ahnen, welchem Stress, welchen seelischen Erschütterungen und welchen körperlichen Torturen die Testpersonen ausgesetzt waren. Schon die Versuchsanordnung in einem klinisch sauberen Ambiente war geeignet, Probanden auf einen Horrortrip zu schicken. Das Forscherteam bestand, wenn es vollständig war, aus einem Psychiater, einem Spezialisten für den Einsatz von Lügendetektoren, einem Hypnotiseur und einem Techniker. Einige der Testteilnehmer wurden sogar fixiert – also gefesselt. Sie wurden allen möglichen Belastungstests ausgesetzt. Sie wurden mit Elektroschocks malträtiert. Und es wurden ihnen zusätzlich andere Substanzen verabreicht. Immerhin, das Militär war bemüht, wenigstens den Anschein einer wissenschaftlich legitimen Versuchsanordnung zu erwecken. Das machte den kleinen Unterschied aus zu den Versuchen, die im Auftrag und unter Aufsicht der CIA durchgeführt wurden.

Die CIA und ihre Agenten waren beim Einsatz von LSD absolut skrupellos. Sie rekrutierten ihre Probanden aus allen Bevölkerungsschichten und gesellschaftlichen Subkulturen. Sie schickten Leute auf Trip, die nicht wussten, wie ihnen geschah, weil ihnen der Stoff ohne ihr Wissen und logischerweise ohne ihre Zustimmung verabreicht worden war. Sidney Gottlieb, der Leiter des CIA-Projektes MK-Ultra, der von einem seiner Kritiker »the maddest mad scientist« seiner Zeit genannt wurde, schien ein satanisches Vergnügen daran zu finden, ahnungslosen Zeitgenossen LSD unterzuschieben, um dann zu studieren, wie sie reagierten. Gottlieb und seine Mitarbeiter erkannten schon bald, dass die Droge Angstzustände befördert und geeignet ist, einen Menschen zu brechen, wenn man ihn während des Trips starken Belastungen aussetzt. Von diesen in ihrem Sinne positiven Versuchsergebnissen ermutigt, soll die CIA im Rahmen ihres Programms zur Bewusstseinskontrolle den Ankauf von zehn Kilo LSD angeordnet haben. Eine unvorstellbare Menge, die geeignet wäre, Millionen von Menschen auf Trip zu schicken. Die Idee, über mit LSD versetztem Leitungswasser die Bevölkerung ganzer Städte anzuturnen und auszuschalten, ist nicht eine Phantasie ausgeflippter Hippies, sondern eine von Forschern im Dienste der Armee und der Geheimdienste ausgedachte Variante der chemischen Kriegsführung.

Folgestudien, die den Langzeitwirkungen der Acid-Tests in den fünfziger und sechziger Jahre nachgehen, gibt es nicht. Auch gibt es keine Angaben über die genaue Zahl der Versuchspersonen, die freiwillig oder unfreiwillig, wissentlich oder unwissentlich an den Tests teilgenommen haben. Es dürften Tausende gewesen sein. Im Laufe der Jahre und Jahrzehnte nach den Versuchen haben sich immer mal wieder Leute zu Wort gemeldet, die sich damals als Testpersonen auf Trip schicken ließen. Sie berichten von teilweise schweren psychischen Störungen, die bis heute anhalten. Auch Todesfälle soll es gegeben haben.

Als Teilnehmer eines staatlich geförderten und von der CIA kontrollierten Versuchsprogramms machten auch Timothy Leary und Ken Kesey ihre erste Erfahrung mit LSD. Was wussten sie über die Auftraggeber? Wussten sie, wer die Forschung finanzierte? Alt genug waren sie, um Fragen zu stellen. Oder wussten sie Bescheid und hatten nichts dagegen einzuwenden?

Viele der an den Versuchen beteiligten Wissenschaftler machten erst gar keinen Hehl aus ihrer Beteiligung. Sie sahen in ihr eine patriotische Pflicht. Wer sich allerdings, wie es damals üblich war, in der Grauzone von Legalität und Illegalität zwischen Underground und Establishment bewegte, musste darauf achten, seine Street Credibility nicht zu verspielen. Als nicht mehr zu übersehen war, dass die Hippieszene, die in der Wahrnehmung des politischen Establishments immer auch eine politische Szene war, von Geheimdiensten durchsetzt und unterwandert war, galt es als rufschädigend, mit der CIA oder einem der anderen Dienste in Verbindung gebracht zu werden. Das Gerücht, Leary sei ein CIA-Agent oder ein FBI-Agent oder beides, machte schon früh die Runde. Heute wird seine Kooperation mit der CIA als Tatsache gehandelt. Er soll sie in einem Interview gestanden haben.

Und Ken Kesey? Woher stammte das Acid, das er so großzügig unter die Leute brachte? Hatte er es heimlich beiseite geschafft? Hatte er damit gedealt? Oder hatte es ihm die Armee einfach überlassen? Beide Versionen werden in der Literatur und im Internet kolportiert. Auf jeden Fall übernahm Kesey den Sprachgebrauch des Militärs, wenn er seine LSD-Happenings »Tests« nannte. Auch der »Trip« soll dem Militärjargon entliehen sein. Armeeforscher nannten so die Reise, auf die sie ihre Testpersonen schickten.

Die Schlussfolgerungen, die Armee und CIA aus den Ergebnissen ihrer Forschungen zogen, unterlagen natürlich der Geheimhaltung. Das 1953 von der CIA gestartete Mind-control-Projekt wurde erst unter dem Druck von Kongressanhörungen in den siebziger Jahren beendet. Es herrschte Einigkeit unter den Abgeordneten, dass zumindest Teile des Forschungsprogramms gegen amerikanische Gesetze verstoßen hatten. Nach der heutigen UN-Definition sind sie als Folter zu bewerten. Was Verhördrogen betrifft, gelangen mittlerweile effektivere und besser kontrollierbare Substanzen zum Einsatz. Das wird sich zeigen, wenn erst einmal die Dokumente über die Verhörpraktiken in Guantanamo allgemein zugänglich sein werden. LSD, das so unterschiedliche, von der Charakter-

und Bedürfnisstruktur des Users abhängige Reaktionen bewirkt, ist sicherlich nicht geeignet, das Gehirn eines Menschen chemisch zu reinigen und ihn so umzupolen, dass er dem Bild von Sozialingenieuren entspricht und nach deren Vorstellungen funktioniert. Auch da gibt es heute effektivere Substanzen. Und als Sprühgift im Kampfeinsatz ist die Droge ebenfalls ungeeignet, weil die Gefahr groß ist, die eigenen Leute zu kontaminieren.

Ungeklärt ist, ob auch die andere Seite in den Jahren des Kalten Krieges vergleichbare Experimente durchgeführt hatte. Anfang der sechziger Jahre wollten US-Dienste beobachtet haben, dass die Sowjetunion tonnenweise von Mutterkorn befallenes Getreide importierte. Das konnte nur bedeuten, auch in der Sowjetunion wurde LSD gewonnen und getestet – wie auch immer und an wem auch immer. Davon gingen Armee und Geheimdienste in den USA jedenfalls aus. Sicher ist nur, dass es LSD auch im »Ostblock« gab. Es wurde in der ČSSR von der Pharmafirma Spofa hergestellt und vertrieben. Als nach dem Verbot der Nachschub aus Basel ausblieb, wurde Prag Ende der sechziger Jahre zu einem für LSD-Dealer aus ganz Europa wichtigen Umschlagplatz.

In den Staaten des Warschauer Paktes wurden alle Informationen über den Einsatz von Halluzinogenen als Mittel der chemischen Kriegsführung gesammelt und ausgewertet. Ob man sich dabei auch auf Ergebnisse eigener Forschungen stützte oder nur auf die Auswertung dessen, was Kundschafter zusammengetragen hatten, geht aus den Veröffentlichungen des Militärverlages der DDR nicht hervor. Fasziniert von deren »kühl-sachlichen Darstellung«, hat der Naturstoffchemiker Jochen Garz, der in der DDR über Pilze forschte, das *Lehrbuch der Militärchemie*, das Lehrbuch *Chemische Kampfstoffe und Schutz vor chemischen Kampfstoffen* sowie das 1967 vom Direktor des Instituts für Biophysik, Karlheinz Lohs, veröffentlichte Werk *Synthetische Gifte* durchgearbeitet und in Auszügen Ende der neunziger Jahre im Schweizer Nachtschattenverlag[82] veröffentlicht. Im Vorwort seiner Sammlung schreibt Garz: »Es gibt bis heute keine deutschsprachigen, westlichen und ›öffentlichen‹ Darstellungen, die auch nur annährend alle Aspekte der Halluzinogene so komprimiert und klar darstellen wie diese historischen Militärlehrbücher der DDR.« Deren Autoren gehen davon aus, dass ein chemischer Krieg unter Einbeziehung von Psychogiften fest ins Kalkül der USA und deren Verbündeten gezogen wurde. Das Einsatzziel war klar definiert: »Psychotoxische Kampfstoffe sind für militärische Zwecke ausgewählte synthetische oder natürliche Verbindungen, die bei Menschen psychische Anomalien … oder auch zentralnervöse Störungen hervorrufen. Sie führen zur zeitweiligen Außergefechtsetzung und zur Handlungsunfähigkeit.«[83]

Halluzinogene seien besonders geeignet, den Gegner handlungsunfähig zu machen, denn sie führen zu überstarken Erregungen bestimmter Hirnrindenzellen: »Diese äußern sich in optischen und akustischen Halluzinationen. Der Vergiftete ›erfasst‹ nicht existierende Dinge und Gegenstände. Die natürlichen Empfindungen sind durch die psychischen Störungen gedämpft. Die Widerspiegelung der natürlichen Umwelt erfolgt in völlig anderer Form. Das Bewusstsein ist eingeschränkt. Die entstandenen Vorstellungen über Nichtvorhandenes oder das verzerrte Erleben der Umgebung beeinträchtigen das angeeignete Wahrnehmungsgefüge. Der Sinn für das Konkrete geht verloren. Die Halluzinationen bestimmen das Gesamtverhalten. Die psychischen Änderungen tragen teilweise schizophrenen Charakter. In den einzelnen Vergiftungsphasen kommt es zu Überreizungen, Desorientierungen, Gedächtnisstörungen, Fehlleistungen, Angst, Stumpfsinnigkeit und anderem. Diese Erscheinungen sind nicht für alle psychoaktiven Verbindungen typisch, jedoch müssen sie beim Einsatz psychochemischer Kampfstoffe erwartet werden.« Und speziell auf LSD gemünzt, heißt es: »Die Umgebung wird illusionär verkannt. Das visuell Wahrgenommene erscheint deformiert; Gegenstände und Dinge werden verzerrt, verformt, vergrößert oder verkleinert und unnatürlich gefärbt wahrgenommen. Die optischen Halluzinationen erscheinen als phantastische, sehr farbintensive und bunte Bilder. Sie werden durch die akustischen Halluzinationen ergänzt, die wiederum gewisse optische Sinnestäuschungen hervorrufen.«[84]

Psychoaktive Verbindungen seien, so die Erkenntnisse der Lehrbuchautoren über die Pläne des Gegners, besonders geeignet als Sabotagegifte: »Mit relativ kleinen Mengen können durch eine Vergiftung von Wasser, von Nahrungs- und Genussmitteln größere Bevölkerungskreise, ausgesuchte Personengruppen, Arbeitende bestimmter Industrie- und Wirtschaftszweige ... zeitweilig handlungsunfähig gemacht werden. Die Folgen dieser Vergiftungen sollen Produktionsstörungen, Unsicherheit, Angst, Panik und Desorganisation sein.«[85]

Auch die propagandistischen Begleittöne, die dazu dienten, die psychochemische Kriegsführung vor der von den Giftgaseinsätzen des Ersten Weltkrieges traumatisierten Weltöffentlichkeit zu legitimieren, wurden von den Verfassern der DDR-Lehrbücher aufmerksam registriert. Der Einsatz dieser Gifte sei jederzeit vertretbar, erklärt ein von den Autoren zitierter General der US-Army, weil »wir versuchen, diese Stoffe von den tödlich wirkenden Stoffen vollkommen zu trennen, so dass irgendwelche Einwände, die normalerweise gegen den Einsatz giftiger Stoffe gemacht werden, nicht mit den psychoaktiven Stoffen in Verbindung gebracht werden können, da diese weder verstümmeln noch töten. Als Resultat hoffen wir eine Waffe zu haben, die dem Kommandeur im Vergleich mit den toxischen Kampfstoffen freiere Verfügungsgewalt gestattet.«[86]

Sollte der Einsatz derartiger Psychogifte für offene Kampfhandlungen von einzelnen Kommandeuren als problematisch eingestuft werden, so biete sich darüber hinaus noch die Möglichkeit, Psychogifte im verdeckten Kampf als Sabotagemittel zur Erzeugung von Panik und Desorganisation oder für den individuellen Terror zu verwenden: »Psychotoxische Kampfstoffe sollen Panik und Angst unter den Betroffenen auslösen. Sie sollen deshalb auch gegen die Zivilbevölkerung im Hinterland und im Kampfgebiet sowie gegen eigene aufrührerische Kräfte Anwendung finden. Man zielt darauf ab, den Willen und den Geist des Gegners zu schwächen, in ihm Widerstand gegen seinen Kampf- oder Arbeitsauftrag hervorzurufen und seine zeitweilige völlige Gefechts- bzw. Handlungsunfähigkeit herbeizuführen.«[87]

Selbst die sexuellen Reaktionen auf Halluzinogene werden im Lehrbuch der DDR erfasst und analysiert. Die Ergebnisse widersprechen diametral den sexuellen Verheißungen, mit denen Leary an die Öffentlichkeit gegangen war: »Die Vergifteten verhalten sich sexuell indifferent und streben kaum eine geschlechtliche Vereinigung an.«[88]

Es fällt auf, dass in vielen Berichten über das Basler Symposium im Januar 2006 so getan wird, als sei Albert Hofmanns hundertster Geburtstag der einzig legitime Grund, noch einmal auf LSD zurückzukommen. Die Droge sei out, heißt es, sie spiele heute keine Rolle mehr.

Fragt man nach bei deutschen Drogenfahndern, wird dieser Eindruck bestätigt. Die Zahl der Beschlagnahmen ist drastisch zurückgegangen, was als ein Indiz für die nachlassende Marktpräsenz einer illegalen Droge zu werten ist. Andererseits: In der Techno-Szene der achtziger und neunziger Jahre wurde neben MDMA (Ecstasy) auch LSD massenhaft gedealt und geschluckt. Bis heute ist LSD im Partydrogen-Angebot. Erfahrene Szenenkenner äußern jedoch Zweifel, ob das, was heute als LSD verkauft wird, auch tatsächlich LSD ist. Die Erfahrungsberichte von jungen Ravern lassen sich nur schwer vereinbaren mit dem, was man aus den sechziger und siebziger Jahren über den Verlauf eines LSD-Trips weiß. Sollten die heutigen Trips aber tatsächlich LSD enthalten, dann müsste die Dosierung sehr viel niedriger sein, als sie es in den sechziger und siebziger Jahren gewesen ist. Laboranalysen von beschlagnahmten LSD-Trips bestätigen diese Vermutung.

Die Diskussion über die wahre Zusammensetzung und die wahre Dosierung von Trips, die unter dem Label LSD gedealt werden, ist alles andere als neu. Sie ist eine logische Begleiterscheinung der Illegalität und setzte unmittelbar nach dem Verbot ein. Wer, wie wohl die meisten Europäer, erst nach diesem Stichtag den ersten Trip »geworfen« hatte, wird nicht ausschließen können, etwas geschluckt zu haben, was günstigstenfalls Spuren von LSD und ungünstigstenfalls gar kein LSD enthielt. Denn schon bald nach dem Verbot bedurfte es besonderer Connections, um an reines LSD-25 zu gelangen. Was aus Prag herbeigeschafft wurde, reichte bei weitem nicht aus, die Nachfrage zu befriedigen. In den USA war die Lage nicht anders. Diese vorübergehende Versorgungsflaute wurde von einer Trip-Variante überbrückt, die erstmals 1967 in San Francisco auftauchte und bald schon von der Bay-Area auch nach Europa gelangte. In der Szene wurde die neue Substanz STP genannt. Sie versprach Serenetiy, Tranquillity and Peace – STP – Heiterkeit, Ruhe und Frieden.

Der 1925 im kalifornischen Berkeley geborene Alexander »Sasha« Shulgin hatte diesen Trip in den sechziger Jahren während seiner Zeit bei Dow Chemicals synthetisiert. Mit seiner Ehefrau und Mitarbeiterin Ann Shulgin war auch er zur Feier von Hofmanns Geburtstag nach Basel gereist. Ein schönes Paar, verehrt und umlagert vor allem von den Jungen unter den Kongressteilnehmern. »Die Shulgins« waren neben Hofmann die Stars des Symposiums.

Alexander Shulgin ist ein besessener Chemie-Freak und ein Guru der Techno-Szene. Kein Mensch auf diesem Planeten dürfte mehr Erfahrungen mit synthetischen Psychedelika haben als Alexander Shulgin. Er soll um die 500 chemische Verbindungen synthetisiert haben. Shulgin hat es sich zum Prinzip gemacht, jede neue synthetische Variante an sich selbst als Versuchsperson Nummer eins zu testen. Dafür wird er bewundert und verehrt. Doch wie schon die Hippieszene ist auch die Partyszene von heute in der Drogenfrage gespalten – pro und contra synthetische Drogen. Wobei die Liebhaber synthetischer Drogen in der Szene dominieren. Noch, denn psychoaktive Pilze und Pflanzen erfreuen sich steigender Beliebtheit. Deren Herkunft ist zwar – bei einem Minimum an botanischen Kenntnissen – leichter zu bestimmen als die einer bunten Pille aus irgendeinem anonymen Labor, doch erfordert der Umgang mit psychoaktiven Pflanzen und Pilzen die gleiche Vorbereitung und die gleiche Sorgfalt wie der Umgang mit synthetischen Drogen.

STP, ein zur Gruppe der Amphetamine gehörendes vollsynthetisches Psychedelikum, war von Anfang an umstritten. LSD-erfahrene User verabscheuten den Speed-Anteil der Droge. Horrorgeschichten waren im Umlauf. Die Droge hielt zwar, was man sich von einem Trip versprach, sie bewirkte Halluzinationen und Synästhesien, doch der Trip dauerte ungewöhnlich lange, und er wurde körperlich als außergewöhnlich anstrengend erlebt. Kein Wunder, bei einer durchschnittlichen Dauer von zwölf, in Extremfällen von bis zu dreißig Stunden. STP war eindeutig zu hoch dosiert. Ronald Steckel riet in seinem Buch explizit vom Konsum der Droge ab. Er begründet seine Ablehnung mit einem Statement des auf dem Gebiet psychedelischer Drogen sachkundigen Mediziners Sidney Cohen: »Das ist eine sehr üble Droge. Die Nebenwirkungen sind höchst unangenehm.«[89]

Bei allem Respekt, der dem alten Mann in Basel entgegenschlug, kann nicht unerwähnt bleiben, dass die Rolle, die Shulgin in der Psychedelic Community spielt, umstritten ist. Man musste politisch schon ziemlich abgestumpft sein, wenn man, umtost von den Auseinandersetzungen und Kämpfen der sechziger Jahre, für einen Chemiekonzern wie Dow Chemicals arbeitete und ein Produkt kreierte, das sich als Stoff für die psychotoxische Kriegsführung geradezu anbot. Shulgin ist einer der wenigen, wenn nicht der einzige Forscher außerhalb der geheimen Militärforschung, dem es bis heute erlaubt ist, das im Anhang der UN-Drogenkonvention verhängte totale Forschungsverbot zu ignorieren. Er forscht mit Wissen und Zustimmung der Drug Enforcement Administration DEA. Es muss da einen Deal geben, dessen Einzelheiten nicht bekannt sind. Anzunehmen ist, dass Shulgin die Ergebnisse seiner Forschungen mit dem Geheimdienst »kommuniziert« – um es freundlich auszudrücken.

Als dann auch LSD am Markt wieder verfügbar war,

weil illegale Labors die Massenproduktion aufgenommen hatten, stand das Thema Verunreinigungen permanent im Fokus der Diskussion. Dazu muss man wissen: Die Herstellung von LSD erfordert Kenntnisse und Sicherheitsvorkehrungen, die weit über das hinausgehen, was bei der Herstellung von Amphetamin und Amphetaminderivaten an Wissen und Vorkehrungen erforderlich ist. Darüber hinaus bedarf es eines hohen Kapitalvorschusses, ein LSD-Labor auszustatten. Auch die Züchtung von Mutterkorn erfordert einigen Aufwand. Ob die immer wieder beklagten Verunreinigungen von LSD auf Schlamperei oder die Gleichgültigkeit der Laborbetreiber zurückzuführen waren oder ob der Amphetamin-Anteil sogar bewusst beigemischt wurde, ist schwer zu sagen. Es mag sein, vermutete Ronald Steckel, »dass die Technologie zur Erzielung pharmazeutischer Reinheit das Geheimnis der Pharmafirma geblieben ist oder die Chemiker des Untergrunds sich schlichtweg nicht um die Reinheit ihres Endproduktes scheren«.

Der Handel mit Pillen und Tabletten unter den Bedingungen der Illegalität ist Vertrauenssache. Die erfolgreiche Vermarktung einer illegalen Droge, deren Zusammensetzung und Dosierung per Augenschein nicht zu bestimmen ist, hängt ab vom Image, das sie in der Szene genießt. Um ihre Produkte kenntlich und unterscheidbar zu machen, wurden die Trips eingefärbt, mit einer Gravur versehen und unter einem phantasievollen Namen auf den Markt gebracht. Wurde der neue Trip positiv aufgenommen, kamen schon nach kurzer Zeit Kopien auf den Markt. Deren Qualität fiel meist weit hinter die des Originals zurück. Und schon war auch dessen Image beschädigt. Da war immer eine Unsicherheit. Es sei denn, irgendwer, dem man vertraute, hatte sich als Vortester betätigt.

In den ersten Jahren der Illegalität wurde der US-amerikanische, aber auch der westeuropäische LSD-Markt von Kalifornien aus bedient. Eine Gruppe von Hippies, die sich »Brotherhood of Eternal Love« (BEL) nannte, stieg groß ein in die Produktion. Mit »Orange Sunshine« schufen sie ein Spitzenprodukt. Die pathetische Namensgebung »Brotherhood of Eternal Love« – Bruderschaft der ewigen Liebe – ist alles andere als ein Pop-Gag. Viele Mitglieder der Bruderschaft hatten auf LSD eine religiöse Erleuchtung. Der Drang, diese Erfahrung mit anderen zu teilen, war übermächtig. Beseelt von der Idee, die Gemeinschaft der Wissenden zusammenzuführen, sahen sie sich als Begründer einer neuen Religion. Sie waren es, die das, was einmal ein Medikament war, zum Sakrament erhoben hatten. Weil ihnen aber dieses für die Ausübung ihrer Religion unverzichtbare Sakrament aufgrund der herrschenden Gesetzgebung vom Staat verweigert wurde, fühlten sie sich im Namen ihrer Religion legitimiert, auf illegalem Wege zu beschaffen, was sie brauchten. In der Anfangsphase ihrer Geschäftstätigkeit spielte sich der Handel noch unter Gleichgesinnten ab. Über ein eng geknüpftes Distributionsnetz wurden die Trips unter die Leute gebracht. Die Anschubfinanzierung stammte aus den Profiten des Handels mit afghanischem und pakistanischem Haschisch sowie mexikanischem Marihuana, das in erheblichem Umfang importiert und gedealt wurde.

Die für die USA so typische Verknüpfung von Religion und Kommerz funktionierte so lange reibungslos, wie die Bruderschaft sich als Teil der Szene behaupten konnte. So festigte das von Leary in seiner Autobiographie bestätigte Gerücht, die »Brotherhood of Eternal Love« habe die Gefangenenbefreiung Learys finanziert, deren Glaubwürdigkeit. Es beförderte auch die Nachfrage nach ihren Produkten. Dann kam es, wie es kommen musste. Mit steigender Nachfrage wurde die Flower-power-Ideologie von Money-power-Interessen verdrängt. Als die Zeitschrift *Rolling Stone* im Jahre 1972 die Bruderschaft mit dem zweifelhaften Prädikat »LSD-Mafia« versah, war es aus mit der Hippie-Idylle. Bedauernd musste auch Ronald Steckel eingestehen, sich getäuscht zu haben: »Dass hinter dem anarchistischen und prophetischen Habitus der amerikanischen ›Brotherhood of Eternal Love‹ handfeste finanzielle Interessen standen, wie der Aufbau eines internationalen LSD-Dealer-Rings, kam erst später zutage.«[90]

Auch Leary musste zur Kenntnis nehmen, dass das in seinen Augen vielversprechende alternative Geschäftsmodell aus dem Ruder gelaufen war. Angefangen hatte das Ganze als eine Art Hippiemarkt. Verkauft wurde, was man auch heute noch auf Hippiemärkten in Goa oder auf Ibiza vorfindet: bunte Baumwoll-Klamotten aus Indien, Schuhe und andere Lederwaren aus Afghanistan, Bücher zur spirituellen Erbauung und Nachschlagewerke zur pharmakologischen Aufklärung. Und natürlich Raucher-Bedarfsartikel. Dem Laden angeschlossen waren ein Meditationszentrum und eine Galerie, die örtlichen Künstlern offenstand. Die Geschäfte gingen gut. Der Gewinn wurde nicht verteilt, sondern in die brüderliche Gemeinschaft zurückgeführt. Das Unternehmen nannte sich »Mystic Arts World« und war als Non-Profit-Organisation konzipiert. Über die Organisation wurde aber auch – und da wird's kriminell nach der herrschenden Gesetzgebung – gewaschen, was an Geldern aus dem Handel mit Haschisch, Marihuana und LSD hereinkam. Das war eine Menge. »Hier«, schreibt Leary in seiner Autobiographie voller Bewunderung, »war die Geburt einer neuen Sparte des amerikanischen Agrarbusiness zu beobachten: der Cannabishandel.«[91]

Tatsächlich wurde im Verlaufe der nächsten Jahre der Anbau von Cannabis zu einem lukrativen Geschäft. In einigen US-Bundesstaaten wurde die Droge zum wichtigsten und ertragreichsten Agrarprodukt. Auffallend viele Redneck-Staaten, wo Typen hausen, die schnell zur Waffe greifen, wenn sie einem leibhaftigen Hippie begegnen, stiegen um auf den Cannabis-Anbau. Den Dealern war es egal, woher der Stoff geliefert wurde: »Da war in diesen frühen Jahren eine bemerkenswerte Unschuld unter Cannabis-Dealern«, schreibt Leary. Die ethischen Prizipien waren klar definiert: »Du dealst nicht des Geldes wegen, sondern wegen des Spaßes, dem des Abenteuers als Outlaw, wegen ›The Cause‹ – der Sache. Du kommst einer sozialen Verpflichtung nach, indem du anderen jungen Leuten dazu verhilfst, high zu sein.«

In ihren Anfängen bezog die Bruderschaft ihre Ware vorwiegend aus Mexiko. Einzelgänger und Kleingruppen machten sich auf den Weg in den Süden. Sie kauften auf, was sie schleppen konnten. Über das Verteilernetz der BEL wurde die Ware vorwiegend an der Westküste auf den Markt gebracht. So ist es auch in den Anfangsjahren des europäischen Haschisch-Handels zugegangen. Türkische und nordafrikanische Arbeitsmigranten brachten auf dem Weg zurück nach Zentraleuropa das eine oder andere Kilo mit. Und aus den europäischen Metropolen machten sich junge Unternehmer auf nach Marokko und in den Libanon, wo sie aufkauften, was sich in ihrem mit einem doppelten Boden versehenen Benzintank oder im Sitzpolster des Fahrzeugs unterbringen ließ. Auch die europäischen Haschisch-Dealer der ersten Stunde fühlten sich den Geschäftsprinzipien der Brotherhood verpflichtet.

Das hieß auch: Ein Haschisch- und LSD-Dealer hat nichts zu tun mit Heroin oder Uppers und Downers. Aber dann, als zuviel Geld im Umlauf war, ging die Unschuld verloren. Längst hatten andere die Kontrolle übernommen. Doch Leary schwärmte unverdrossen von diesem kurzen Augenblick, »in dem utopische Motive blühten. Da war etwas Magisches um diese Gang von zwanzig jungen Männern und Frauen, Außenseiter, die eine globale Legende begründeten und dann in aller Stille von der Szene verschwanden. Obwohl sie der Polizei bekannt waren und von ihr gejagt wurden, hat, meines Wissens, nicht einer von ihnen jemals vor Gericht gestanden.«[92]

Im Laufe der siebziger, achtziger und neunziger Jahre drängten immer wieder neue Tripvarianten, die als LSD angeboten wurden, auf den Markt. Nach dem Fall des Eisernen Vorhangs traten zusätzlich auch Anbieter aus Osteuropa am Markt für synthetische Drogen auf. Doch insgesamt gingen sowohl das LSD-Angebot wie die Nachfrage kontinuierlich zurück. »Wir haben buchstäblich noch nie etwas Vergleichbares gesehen. Das ist kein Trend. Es ist ein Ereignis«,[93] erklärt ein Drogenexperte der University of Maryland. Denn der Bedeutungsverlust von LSD ist kein spezifisch deutsches oder europäisches Phänomen, er trifft auch auf die USA zu.

Im April 2004 fragte der amerikanische Journalist Rayan Grim in einem Zeitungsartikel: »Who's got the Acid?« – wer hat all das LSD? Seine Antwort: »These days, almost nobody« – heutzutage fast niemand. Grim beruft sich auf Statistiken. Dass die Aussagekraft von Statistiken, die unter den Bedingungen der Illegalität erhobenen werden, gering ist, weiß auch er. Wenn aber alle Daten, von denen, die an universitären Einrichtungen und medizinischen Instituten erhoben wurden, bis zu denen, die Polizei und Justiz erhoben hatten, den kontinuierlichen Bedeutungsverlust von LSD bestätigen, kann man von einer halbwegs gesicherten Datenbasis ausgehen.

Grim sucht nach Erklärungen für diese Entwicklung. Ein möglicher Grund für den Nachfragerückgang könne eine veränderte Einstellung gegenüber LSD sein. Dafür spricht in der Tat einiges, denn jede Droge hat ihre Zeit, und jede Zeit hat ihren Geist. Der Zeitgeist von heute tickt anders als der in den sechziger Jahren. Die Bereitschaft, sich auf das Risiko eines psychedelischen Abenteuers einzulassen, ist gesunken, weil der Geist der Zeit Wachsamkeit und absolute Realitätstüchtigkeit erfordert. Luxusreisen nach innen können sich heute nur noch wenige leisten.

Eine weitere Erklärung für den Rückgang des LSD-Konsums sieht Grim im Zusammenbruch des Distributionssystems. Als Jerry Garcia starb und die Grateful Dead den Tourbetrieb einstellten, sei das LSD-Verteilernetz um die Band herum zerrissen. Drogenfahnder in den USA bestätigen Grims Beobachtung.

Die wohl wichtigste Erklärung für den Bedeutungsverlust von LSD dürfte jedoch auf der Angebotsseite zu finden sein. Nach dem »Missile silo bust« in Kansas im November 2000 wurden dem Markt schlagartig 95 Prozent des Angebots entzogen. Das jedenfalls behauptet die DEA. Sie feierte die Aushebung des in einem Raketensilo untergebrachten Labors und die Sicherstellung von Geräten und chemischen Substanzen zur Herstellung von LSD als den größten Erfolg in der Geschichte der Agentur.

Zwei Alt-Hippies wurden beschuldigt, in vom Militär geräumten Raketensilos aus der Zeit des Kalten Krieges die Massenproduktion von LSD aufgenommen zu haben. Die Beschlagnahmeaktion selbst, die Verurteilung eines der beiden Hauptprotagonisten zu lebenslanger Haft, die zweifelhafte Rolle von Informanten und die Frage nach den Motiven der beiden Verurteilten sind ein bis heute in der Psychedelic Community der USA heiß diskutiertes Thema.

Wenn, wie die DEA behauptet, die beiden Verurteilten den US-Markt kontrollierten, dann wäre der Fahndungserfolg der DEA tatsächlich eine plausible Erklärung für den Zusammenbruch des Marktes. Denn die illegale LSD-Produktion hat historisch immer in den Händen einiger weniger Laborbetreiber gelegen. Fällt der Hauptanbieter aus, dann steht nicht sofort ein neuer Anbieter bereit. Das, so Grim, lasse sich an der Preisentwicklung und an der limitierten Abgabemenge pro Deal belegen. Nun, wo der Drogenkrieg in sein zweites Jahrhundert eintritt, resümiert Grim, scheint LSD auf dem Rückzug zu sein: »But never bet against a comeback.«

Wer den Vorträgen und Diskussionen des Basler Symposiums aufmerksam gefolgt ist, konnte erst gar nicht auf die Idee kommen, eine solche Wette zu wagen. Dazu klangen einige der Referenten aus den USA einfach zu optimistisch.

Der, von einem kleinen Zwischenfall abgesehen, harmonische Verlauf des dreitägigen Kongresses könnte dazu verleiten, die Interessengegensätze der Teilnehmer zu übersehen. Allgegenwärtig war die Hoffnung auf eine Renaissance von LSD. In diesem Punkt waren die Interessen der meisten Kongressteilnehmer deckungsgleich. Während jedoch die einen den Träumen an eine längst vergangene Zeit nachhängen, träumen die anderen von der Wiederzulassung von LSD für medizinisch-therapeutische Zwecke und vom Recht, mit und über LSD zu forschen. Der LSD-Diskurs war immer auch ein Karrierediskurs. Das war in Basel deutlich zu spüren. Besonders amerikanische Teilnehmer des Symposiums äußerten sich unwirsch und abschätzig über den Auftritt der »Multidisciplinary Association for Psychedelic Studies« (MAPS). Deren Präsident war auf dem Symposium omnipräsent. Offen lobbyierte er für die Wiederzulassung der Forschung mit Entaktogenen und Halluzinogenen. Gefragt, was denn dagegen sprechen könne, antworteten seine Kritiker etwas kryptisch, Mitarbeiter der »Multidisziplinären Vereinigung für Psychedelische Studien« unterhielten suspekte Beziehungen zu staatlichen Institutionen, die unvereinbar seien mit den Interessen derjenigen unter den Kongressteilnehmern, die eine Wiederzulassung auch für den spirituell-hedonistischen Gebrauch forderten.

Ein Zwischenfall während der Präsentation eines Harvard-Forschers verhalf auch europäischen Teilnehmern, die mit der Diskussion in den USA weniger vertraut sind, die rätselhaften Andeutungen der MAPS-Kritiker zu entschlüsseln. Gegen John Halpern, der an der Harvard Medical School forscht und als Wissenschaftler in der Psychedelic Community einen guten Ruf genießt, wurden aus dem Publikum heraus schwere Anschuldigungen erhoben. Es ging um die Razzia im Raketensilo. Halpern hatte sich eingestandenermaßen in dieser Sache der DEA als Informant zur Verfügung gestellt. Ob er sich damit freikaufte vom Vorwurf der Geldwäsche, wie seine Kritiker behaupten, sei dahingestellt. Da Halpern, der unter anderem mit und über MDMA (Ecstasy) geforscht und ein LSD-Projekt in Vorbereitung hat, eng mit MAPS kooperiert, löste die Protestaktion gegen ihn vor allem unter den US-amerikanischen Kongressteilnehmern heftige Diskussionen aus.

Warum die ganze Aufregung? Die CIA beziehungsweise die DEA hatte doch von Anfang an alles, was LSD und verwandte Stoffe betrifft, unter Kontrolle. Und so wird es auch in Zukunft sein. Die von MAPS geplanten Forschungen mit MDMA und LSD verlangen eine Ausnahmegenehmigung durch Regierungsstellen. Die gibt es nicht ohne die Zustimmung oder wenigstens Duldung durch die zuständigen Dienste. Man wird kooperieren. Der Optimismus, den MAPS-Präsident Nick Doblin in Basel verbreitete, ist begründet, denn es sieht ganz so aus, als würde das rigide Forschungsverbot aufgehoben. Schon heute laufen Projekte, in denen MDMA (Ecstasy) zum Einsatz kommt. Die ersten LSD-Projekte stehen am Start.

Wie ist das möglich? Und wieso ausgerechnet in der Amtszeit von George W. Bush, der sich sonst doch darin gefällt, *tough on drugs* zu sein? Ganz einfach: Es geht hier nicht um Drogen. Es geht um Medikamente. LSD ist, wenn man den optimistischen Verlautbarungen von MAPS Glauben schenkt, auf dem Weg zurück vom Sakrament zum Medikament.

Man kann nicht umhin, den Aktivisten von MAPS zu bescheinigen, sich geschickt in eine laufende Diskussion eingeschaltet und Lösungsangebote unterbreitet zu haben für ein Problem, dessen Ausmaß erst langsam ins öffentliche Bewusstsein der USA dringt – die materiellen und psychosozialen Kosten der Kriege im Irak und in Afghanistan. »Inflationsbereinigt könnten die Kosten für den Irakkrieg, der sich zu einer teuren Material- und Logistikschlacht entwickelt hat, die Ausgaben für den Vietnamkrieg übersteigen – unter anderem auch durch extrem aufwendige medizinische Behandlungskosten für viele schwerverletzte Soldaten.«[94] In der *Süddeutschen Zeitung* wurde diese Rechnung aufgemacht.

Tausenden und Abertausenden von körperlich Verstümmelten und seelisch Traumatisierten droht nach ihrer

Rückkehr aus dem Irak oder aus Afghanistan ein Schicksal, das bereits Veteranen des Vietnamkrieges erlitten hatten. Die Armee war damals nicht in der Lage, und sie ist es heute nicht, weder personell noch finanziell, die Versorgung der Opfer in den eigenen Reihen zu übernehmen. Das Thema gewinnt an politischer Brisanz, denn mehr als ein Drittel aller aus dem Irak und aus Afghanistan zurückkehrenden US-Soldaten mussten, gemäß einer Studie des US-Verteidigungsministeriums, binnen eines Jahres nach dem Einsatz psychologische Hilfe in Anspruch nehmen. Die Fertigkeiten einer hochentwickelten Militärchirurgie tragen zwar dazu bei, die Todesstatistik im Vergleich zu früheren Kriegen niedriger zu halten, doch die psychischen Nebenfolgen dieser chirurgischen Flickarbeiten sind nur schwer beherrschbar. Während die Zahl der hilfsbedürftigen Veteranen nach dem Vietnamkrieg bei zehn Prozent lag, sind es heute fast 30 Prozent. Albträume, Ängstlichkeit und emotionale Abstumpfung, aber auch aggressive Schübe sind die typischen Symptome der posttraumatischen Belastungsstörung, unter der vor allem junge Soldaten in der Altersgruppe von 18 bis 24 Jahren leiden. Schon machen wieder Geschichten von durchgedrehten Kriegsheimkehrern die Runde – wie die des Ex-Soldaten Zakery Bowen, der, bevor er sich in den Tod stürzte, seine Freundin Addie Hall erwürgte und verstümmelte. Die Leichenteile kochte er aus. Vietnam revisited.

Dringend gesucht sind deshalb kostengünstige Lösungen. Hier setzt die Lobby-Arbeit von MAPS an. Die Vereinigung für psychedelische Studien verweist auf Forschungsergebnisse aus den sechziger Jahren, die für den Einsatz von LSD, Psilocybin und MDMA (Ecstasy) bei der Behandlung von posttraumatischen Störungen (PTSD) und schweren Schmerzzuständen – sogenannten Cluster-Schmerzen – sprechen (Symptome, die auch bei aus Afghanistan zurückgekehrten Bundeswehrsoldaten immer häufiger diagnostiziert werden). Das Angebot von MAPS entspricht exakt dem Anforderungsprofil des Militärs. Und es ist, das hatte man ja bereits in den fünfziger und sechziger Jahren demonstriert, auch unter Kostengesichtspunkten außerordentlich interessant. Aus denselben Gründen wie in den USA ist man auch in Israel bereit, das Forschungsverbot aufzuheben und neue LSD-Studien zuzulassen. Das von der UNO verhängte strikte Forschungsverbot wird also längst unterlaufen – mit stillschweigender Zustimmung der entsprechenden UN-Gremien. Davon ist auszugehen. Und irgendwer muss inzwischen auch das strikte Produktionsverbot unterlaufen und die Herstellung von LSD wieder aufgenommen haben. Denn dass die eingereichten und behördlich bereits genehmigten LSD-Projekte sich bei der Beschaffung des Stoffs am Schwarzmarkt bedienen werden, ist unwahrscheinlich.

Die Lockerung des Herstellungs- und Forschungsverbotes wird jedoch nicht dazu führen, dass auch der hedonistisch-spirituelle Umgang mit LSD lockerer angegangen wird. Wer darauf hofft, täuscht sich gewaltig. Die Frage ist nur: Sollte man überhaupt darauf hoffen? Denn die Forderung, den Gebrauch und den Besitz von LSD zu legalisieren, ist eine zwiespältige Angelegenheit. Muss man nicht, auch wenn man davon überzeugt ist, dass die Drogenprohibition gescheitert ist, dem Staat beziehungsweise der Gesellschaft zugestehen, im Falle einer so potenten Droge alles daranzusetzen, den Vertrieb wenigsten zu behindern, wenn man ihn schon nicht verhindern kann?

Eine Drogenpolitik, die dem Anspruch genügen will, zeitgemäß zu sein, das heißt auf Augenhöhe mit dem wissenschaftlichen Erkenntnisstand, muss die sich verändernden Konsumgewohnheiten und die veränderte Marktlage immer wieder aufs Neue reflektieren. Es ist offenkundig: Die verschiedenen Legalisierungsmodelle, die in den achtziger und neunziger Jahren diskutiert wurden, sind zugeschnitten auf den Umgang mit Drogen agrarischen Ursprungs, von denen die meisten in sogenannten Dritte-Welt-Ländern angebaut und verarbeitet werden. Sind die auf Cannabis, Heroin und Kokain bezogenen Lösungsmodelle auch auf synthetische Substanzen aus den Labors der Pharmaindustrie zu übertragen?

Der Unterschied ist evident. Psychopharmaka sind legal und verschreibungspflichtig. Sie werden unter legalen Bedingungen hergestellt und auf legalem Wege vertrieben. Sie werden defensiv vermarktet und dürfen öffentlich nicht beworben werden. Das allerdings könnte sich schon bald ändern. In den USA ist Werbung in Publikumszeitschriften und elektronischen Medien (Direct-to-Consumer-Advertisement) für verschreibungspflichtige Psychodrogen erlaubt. US-amerikanische Pharmakonzerne drängen darauf, sie auch in der Europäischen Union zuzulassen. Dass trotz der defensiven Vermarktung die Zahl derer, die von Psychopharmaka abhängig sind, kontinuierlich steigt, hat mit der Verschreibungspraxis der Ärzteschaft zu tun. Unkenntnis, Ignoranz, Leichtsinn und kriminelle Energie sind – laut Suchtstoffkontrollrat der Vereinten Nationen – die Gründe für diese Entwicklung, die sich in der Grauzone von Legalität und Illegalität abspielt. Zumindest theoretisch wäre dieses Problem durch eine verschärfte Kontrolle der ärztlichen Verschreibungspraxis beziehungsweise durch Produktions- und Ausfuhrkontrollen bei den Herstellern zu lösen.

Da viele der marktgängigen psychoaktiven Substanzen

sowohl als Medikament wie als Genussmittel nutzbar sind, werden sie nicht nur legal von Ärzten als Therapeutikum verschrieben, sondern auch als sogenannte Smart Drugs am Markt illegal gehandelt. So zirkulieren in den USA Ritalin und Prozac, um zwei derzeit prominente Psychodrogen zu nennen, auch am Markt der Leistungs- und Freizeitdrogen. Dieser Markt wird indirekt von der Pharmaindustrie beliefert, die eine von der UNO scharf kritisierte Parallelproduktion betreibt. Die jeweilige Substanz wird legal exportiert und illegal re-importiert und als Originalstoff mit Firmensiegel am Schwarzmarkt vertrieben. Nach diesem Muster funktioniert auch der illegale Handel mit Markenzigaretten. Bei einer Wiederaufnahme der legalen Produktion wird auch LSD nach diesem Muster zirkulieren. Damit ist fest zu rechnen.

Unterstellt, was im Augenblick schwer vorstellbar ist, LSD würde irgendwann von einer neuen Generation von Jugendlichen massenhaft nachgefragt werden, weil die Droge wieder zeitgeistkompatibel ist, dann ist auch mit der Wideraufnahme der illegalen Produktion zu rechnen. Das umso mehr, wenn es gelingen sollte, die legale Produktion tatsächlich unter Kontrolle zu kriegen und die Parallelproduktion auszuschalten. Hier kommt nun der Gedanke der Risikovermeidung und Schadensminimierung ins Spiel. Illegale Pillen und Tabletten sind beim Kauf nicht klassifizierbar. Sie sind oft verunreinigt und mit toxischen Zusatzstoffen versetzt. Es gibt keine zuverlässigen Produktinformationen. Es gibt keine Produkthaftung. Es gibt keine Warnhinweise und keine Dosierungsangaben. Diese Defizite, die die Risiken beim Gebrauch drastisch erhöhen, wären nur zu beheben, wenn die Verbraucher Gelegenheit hätten, den Originalstoff – in dem Falle LSD 25 – zu beziehen.

Also legalisieren? Unter dem Gesichtspunkt der Harmreduction wäre diese Schlussfolgerung naheliegend. Doch sie ist voreilig. Man kann und darf LSD nicht isoliert betrachten, besonders, wenn man die dritte Funktion der Droge neben der Medikamenten- und Genussmittelfunktion in die Überlegungen einbezieht. LSD ist eben auch eine Waffe, ein für offene Kampfhandlungen möglicherweise untaugliches beziehungsweise ineffektives Instrument, aber es ist eine Substanz mit Waffenpotential.

Die neuropharmakologische Militärforschung hat längst wieder das Niveau des Kalten Krieges erreicht. Und sie sucht noch immer nach Psychogiften, die den Gegner neutralisieren oder töten. Sie sucht aber auch und immer mehr nach Substanzen, die das psychische und physische Leistungsvermögen der eigenen Leute zu steigern vermögen. Der rasante Anstieg von schweren psychischen Schäden bei Kriegsveteranen belegt, dass vor allem junge Soldaten den Anforderungen der modernen Kriegsführung nicht gewachsen sind. Wer Krieg für ein legitimes Mittel zur Lösung von Konflikten hält, muss deshalb konsequenterweise den Einsatz von psychochemischen Substanzen zur Erhöhung der Leistungsfähigkeit im Kampfeinsatz beziehungsweise zur Behebung von psychischen Schäden als Folge dieses Einsatzes befürworten. Gesucht sind Medikamente, die die Angst-, Schmerz- und Ermüdungsgrenzen erweitern und die in der Lage sind, Traumatisierung zu verhindern und Schuldgefühle zu unterdrücken. Neuropharmakologen im Dienste des Militärs richten ihre Anstrengungen also sowohl nach innen wie nach außen. Die Besonderheiten der asymmetrischen Kriegsführung erfordern psychochemische Kampfstoffe, die den bewaffneten Gegner kampfunfähig machen. Erforderlich sind aber auch Kampfstoffe, die geeignet sind, die Zivilbevölkerung vorübergehend auszuschalten, um sicherzustellen, dass diese bewaffneten Kämpfern keinen Schutz gewähren kann. Schon 1999 forderte deshalb der Ausschuss für Auswärtige Angelegenheiten, Sicherheits- und Verteidigungspolitik beim Europäischen Parlament »ein weltweites Verbot jeglicher ziviler wie militärischer Forschung und Entwicklung von Waffen, die das Wissen über chemische, elektrische oder durch Schallwellen ausgelöste Hirnfunktionen ausnutzen und die Beeinflussung von Menschen ermöglichen. Auch jede Bereitstellung soll untersagt sein.«[95] Von diesem Verbot wäre auch LSD betroffen.

Die in der UNO zusammengeschlossene Staatengemeinschaft wird 2008 über eine Verlängerung beziehungsweise Aktualisierung der Chemiewaffen-Konvention zu beraten und somit festzulegen haben, welche Forschungsvorhaben untersagt und welche zugelassen werden sollen. »Das ist eine große Verantwortung, nicht zuletzt weil diese Forschungen neue Techniken der Unterdrückung ermöglichen«, schreibt Steve Wright in *Le Monde diplomatique*: »Wenn man diesen Aktivitäten keine engen und präzisen Grenzen zieht, werden sich viele Forschungslabors auf die Herstellung neuer pharmakologischer Waffen stürzen. In einer Zeit, in der internationale Normen zunehmend missachtet werden, riskieren Zivilisten wie Kämpfer, demnächst ins Visier solcher Waffen zu geraten.«

Zum Abschluss des Basler Symposiums veröffentlichten die Veranstalter einen von den meisten Referenten unterzeichneten Aufruf, in dem sie fordern, die Forschung an und mit LSD und verwandten Substanzen wieder zuzulassen. Soweit es dabei um das abstrakte Postulat der Freiheit von Wissenschaft und Forschung geht, sollte das eigentlich eine Selbstverständlichkeit sein. Doch »in einer Zeit, in der internationale Normen zunehmend missachtet werden«, wäre es zu einfach, sich mit diesem Postulat zu begnügen. Mehr denn je sind auch die gesellschaftlichen und politischen Rahmenbedingungen in die Entscheidungsfindung einzubeziehen. Es wäre ignorant, einfach so zu tun, als habe es im Zusammenhang mit LSD und anderen Halluzinogenen nicht einen massiven Missbrauch der Forschungsfreiheit gegeben. Wird es in Zukunft möglich sein, solchen Aktivitäten enge und präzise Grenzen zu setzen und den Missbrauch von hilf- und rechtlosen Versuchspersonen zu verhindern? Zweifel sind angebracht. So macht der Direktor des Heidelberger Instituts für Geschichte der Medizin, Wolfgang U. Eckart, in einem Beitrag für die *Süddeutsche Zeitung*[96] auf eine in den USA neu entbrannte Kontroverse um Humanexperimente in Gefängnissen aufmerksam. Bis in die siebziger Jahre wurden mehr als 90 Prozent aller Pharmaka in den USA an Gefängnisinsassen in teilweise monströsen Studien getestet. Mit dem 1974 vom US-Kongress verabschiedeten »National Research Act« wurde diesem Treiben ein vorläufiges Ende gesetzt. Jetzt werden Stimmen laut, die verlangen, damals beschlossene Einschränkungen und Regulierungen wieder aufzuheben. Damit solle, wie Eckart schreibt, »dieses einträgliche und einfach zu handhabende Profitfeld … nun für die ›Nation at War‹ wieder neu erschlossen werden«. Dagegen regt sich Widerstand. Eine große Rolle in dieser Kontroverse spielt »das Wissen um Zehntausende amerikanischer Soldaten, die als leicht verfügbare Probanden während des Kalten Krieges in medizinischen Versuchen des US-Militärs und der CIA an der heißen medizinischen Heimatfront Gesundheit und Leben verloren hatten«.

Legalisieren – ja oder nein? Es gibt keine eindeutige Antwort. Die Frage, ob das Herstellungs-, Forschungs-

und Anwendungsverbot von LSD beibehalten oder aufgehoben werden sollte, erfordert eine Güterabwägung, die, je nach Interessenlage, unterschiedlich ausfallen wird. Wie immer man sich in der Abwägung der unterschiedlichen und gegensätzlichen Interessen am Ende entscheidet, eines ist klar: Die von Albert Hofmann synthetisierte Substanz ist in der Welt. Rückruf ausgeschlossen. Sollte LSD irgendwann eine Renaissance auf der illegalen Nachfrageseite erleben, dann wird auch die in der Illegalität operierende Angebotsseite wieder aktiv werden. Die Droge an den Kunden zu bringen wird dabei das geringste Problem sein. Denn der Vertrieb einer Droge, deren Volumen so gering ist, dass sie unter eine Briefmarke passt, ist nicht kontrollierbar. Und schon gar nicht in den Zeiten des Internets.

Beim aktuellen Diskussionsstand ist davon auszugehen, dass sich am herrschenden Status von LSD und an der herrschenden Rechtspraxis im Umgang mit LSD nichts ändern wird. Solange die LSD-Nachfrage auf dem derzeit niedrigen Niveau verharrt, gibt es keinen Handlungsbedarf. Das bedeutet: Wer LSD als Hilfsmittel zur Therapie von Traumata einsetzen will, darf darauf hoffen, dass das Forschungs- und Therapieverbot projektbezogen aufgehoben beziehungsweise einer Sonderregelung unterworfen wird. Wer die Forschung an den Einsatzmöglichkeiten von LSD für die psychochemische Kriegsführung offen weiterbetreiben will, muss damit rechnen, von der UN-Chemiewaffen-Konvention ausgebremst zu werden, was Militärforscher an der Fortsetzung ihrer Experimente aber kaum hindern dürfte. Chancenlos von vornherein wäre hingegen der Versuch, LSD als legales spirituelles Gut zu etablieren. Eine Legalisierung, die mit einem spirituellen Heilsversprechen begründet wird, ist politisch nicht durchsetzbar, weil ein gesellschaftlicher Nutzen nicht erkennbar ist. Denn träfen all die positiven bewusstseinserweiternden beziehungsweise bewusstseinsverändernden Eigenschaften, die mit LSD in Verbindung gebracht werden, tatsächlich zu – Friedfertigkeit, Geschwisterlichkeit, Naturverbundenheit, die Abkehr von konsumistischen Verhaltensweisen, die Bereitschaft, die Ressourcen zu schonen –, stünden sie den Interessen derer entgegen, die über die Macht verfügen, den gesellschaftlichen Nutzen zu definieren. Der herrschende Wertekanon in den Zeiten der neoliberalen Globalisierung ist unvereinbar mit den spirituellen Heilsversprechen der Hippie-Generation. Das hat der Basler Orientalist und Religionswissenschaftler Rudolf Gelpke früh erkannt. »Man kann nicht *beides* zugleich haben: den technischen Fortschritt, die materielle Expansion ad infinitum *und* die Verankerung des inneren Menschen im Transzendenten.«[97] Transzendenz, Ekstase, Erleuchtung – mit anderen Worten: Spritualität – sind in der Zivilisation des Westens nicht vorgesehen, schreibt Gelpke, weil sie unvereinbar sind mit dem auf Leistung und Zweckdenken ausgerichteten Funktionalismus dieser Zivilisation und ihrer Forschrittsgläubigkeit.

Die kontrovers und oft aggressiv geführte Diskussion über bewusstseinsverändernde oder bewusstseinserweiternde Drogen werde, sagte Gelpken voraus, zu deren Ächtung und schließlich zum Verbot führen: »Was dann aber immer auch die öffentlich genannte Begründung für ein solches Verbot sein wird, der wahre Grund wird allein der sein, dass Staat und Gesellschaft die durch diese Drogen bewirkten Einbrüche mystischer Wirklichkeit als eine Bedrohung von innen heraus empfinden, deren Konsequenzen sie nicht ins Gesicht zu sehen wagen, weil sie die Grundlagen unserer technischen Zivilisation oder doch einige ihrer Lieblingsdogmen erschüttern und in Frage stellen könnten.«

Diese »mystische Wirklichkeit« ist, wie Albert Hofmann sagen würde, »keine Sinnestäuschung, sondern die Offenbarung eines anderen Aspektes der Wirklichkeit«. Viele von denen, die sich auf LSD eingelassen haben, sind in Bereiche vorgedrungen, die man durchaus als Erleuchtung beschreiben könnte, wäre dieser Begriff nicht so religiös abgehangen und esoterisch vereinnahmt. Die spirituelle Erfahrung, von der so viele berichten, die auf Reise gingen, ist eine Erfahrung innerhalb und nicht außerhalb dieser Welt. Sie bedarf keiner religiösen Begründung und keiner religiösen Überhöhung. Sie drückt sich aus im Staunen darüber, dass es »mehr Ding' im Himmel und auf Erden« gibt, als unsere Schulweisheit sich träumt. Es ist die Erfahrung von Menschen, die, wie der Held in Tom Robbins Roman »Völker dieser Welt, relaxt!«, die Welt in der Welt in der Welt gesehen haben. Staunend.

Ist also, um noch einmal auf die Frage des in Mainz lehrenden Philosophen Thomas Metzinger zurückzukommen, eine Synthese aus Spiritualität und intellektueller Redlichkeit überhaupt möglich? »Lassen sich mystische Erfahrungen, die durch psychoaktive Substanzen ausgelöst wurden, auf rationale Weise in unsere Kultur integrieren?« Die Antwort scheint zu sein, schreibt Metzinger, »dass es die Synthese aus Spiritualität und intellektueller Redlichkeit niemals auf der Ebene von organisierter Religion oder sozialen Bewegungen geben kann, sondern nur in Form individueller Lebensentwürfe. Den Mut und die Wahrhaftigkeit, die es braucht, um die Offenheit in beide Richtungen nachhaltig zu kultivieren, können am Ende vielleicht immer nur einzelne Menschen aufbringen.«

Nachwort

ARE YOU EXPERIENCED?

»Was, glauben Sie, hat LSD Ihnen gegeben – und Ihnen angetan?« Ich nehme die Frage auf, die Timothy Leary im September 1966 von der Zeitschrift *Playboy* gestellt wurde. Und ich entgegne mit Leary: »Das ist nicht leicht zu beantworten.«

Es gibt viele Gründe, warum mir die Antwort schwerfällt.

Die Frage ist verfänglich und sie ist indiskret. Sie ist verfänglich, weil sie so tut, als könne jeder jederzeit, ohne Sanktionen befürchten zu müssen, über seine Erfahrungen mit Drogen berichten. Sie ist indiskret, weil sie die Intimsphäre berührt. Als Autor, der sich über mehr als drei Jahrzehnte hinweg mit dem Sexuellen und mit Drogen beschäftigt hat, habe ich gelernt, meine Intimsphäre zu schützen und mich gegen übergriffige Fragen zu wehren.

Hinzu kommen die Zweifel, ob LSD-Erfahrungen überhaupt vermittelbar sind. Wenn, dann nur, soviel steht fest, wenn *alle* Beteiligten *erfahren* sind. »Are you experienced?« – Jimi Hendrix hatte Ende der sechziger Jahre das Passwort ausgegeben, welches darüber entschied, ob man Zugang zu den wenigen Auserwählten hatte oder ob man zu den Vegetables gehörte, wie Bernward Vesper in seinem Roman *Die Reise* alle Ahnungslosen und Unerfahrenen nannte. Niemand in der Jugendbewegung jener Jahre wollte so genannt werden, niemand wollte zum

Gemüse gehören oder zu den Plastic-people, wie man Vegetables an der Westküste der USA nannte. Der soziale Druck, einen Trip zu »werfen«, war groß. Überall waren LSD-Prediger unterwegs. Im Sog dieser Sektenprediger wurden Leute zu einem Trip verleitet, die besser zu Hause geblieben wären.

Erfahrungsberichte von Leuten, die man nicht kennt und deren Micky-Mouse-Trips einen nicht interessieren, sind so nervtötend wie die Präsentation von Urlaubsfotos oder Reisevideos von Leuten, die man nicht kennt und die einen nicht interessieren. »Sage mir, welche Farben du siehst, und ich sage dir, wer du bist«, solche und ähnliche Sprüche illustrieren, wie groß das Abgrenzungsbedürfnis gegenüber Mitreisenden auf dem Trittbrett war. Ausdrücklich distanzierte sich Timothy Leary von »Undergroundtypen und Rauschgiftsüchtigen«. Der Gebrauch von LSD, betonte er, sei »ein Phänomen der oberen Mittelklasse, der Akademiker, der White-collar-Leute«. Eine ziemlich elitäre Angelegenheit also. Ich fand schnell heraus, dass mich nur Trip-Erzählungen von Leuten interessierten, deren Geschichten mir auch dann etwas sagten, wenn sie nicht auf Trip waren. Gerne erinnere ich mich an atemberaubend schräge Reiseberichte im Stile des phantastischen Realismus, die heute, hätte man sie damals mitgeschnitten, als Hörbücher veröffentlicht würden. Auch Bernward Vesper ist es mit seinem Roman gelungen, LSD-Erfahrungen so sprachmächtig wiederzugeben, dass ich, und wie ich weiß, auch andere, in ihnen eigene Erfahrungen wiedererkennen.

Was LSD mir *angetan* hat, lässt sich mit einem Wort sagen. Nichts. Ich habe Glück gehabt. Ich war, was man nie so genau wissen kann, psychisch stabil und gesund. Ich fühlte mich stark. Ich war alt genug, das Risiko zu wagen, und ich wurde für meine Risikobereitschaft nicht bestraft. Jedesmal hatte ich den Reisebeginn auf den richtigen Zeitpunkt gelegt. Set und Setting – Timothy Learys Reisetips erwiesen sich als hilfreich. Und ich hatte die richtigen Reisebegleiter, Menschen, denen ich vertrauen konnte, die den Speed drosselten, wenn ich in Gefahr war, aus der Kurve getragen zu werden. Ich war angeseilt an Trip-Führer, die mich vorsichtig lenkten, die mich fernhielten von Leuten, denen man auf Trip besser nicht begegnete, die mich runterholten, wenn die Bilder zu mächtig, der Sound zu heftig, die Gerüche zu deftig und die Gedanken und Assoziationen zu schnell wurden und ich dabei war, die Orientierung zu verlieren.

Und was hat LSD mir *gegeben*? Darauf weiß ich keine klare und eindeutige Antwort. Denn ich kann meine Erfahrungen mit LSD nicht trennen von den Erfahrungen mit anderen Drogen – mit Cannabis und mit psychoaktiven Pilzen. Aus all diesen Erfahrungen habe ich gelernt. Sie haben meine Anschauung der Welt verändert. Aber ich bin unfähig, diesen Lernprozess bestimmten Substanzen zuzuordnen. Von einer Ausnahme abgesehen: Mit einem LSD-Trip, den ich, eingetaucht in die Klangwelt von Jimi Hendrix, an einem heißen Sommertag Ende der sechziger Jahre in meiner Frankfurter Wohnung nahm, verbinde ich das intensivste und überwältigendste Glücksempfinden meines Lebens.

Mit Drogen, von Alkohol und Nikotin einmal abgesehen, bin ich erstmals Mitte der sechziger Jahre konfrontiert worden. Ich war 26 Jahre alt, lebte in Frankfurt am Main, hatte eine Lehre als Mineralölkaufmann hinter mir und das Abitur auf dem zweiten Bildungsweg nachgeholt. Ich war Aktivist der Studentenbewegung, studierte Soziologie und besuchte die Vorlesungen und Seminare von Theodor Wiesengrund Adorno. Das allein war schon ein

Trip der besonderen Art. Ich hatte feste Überzeugungen, und ich war weit offen für neue Erfahrungen, wie die meisten, die damals den Ton angaben.

Diese Generation, die man im Rückblick mit der Regimentsnummer 68er bedacht hat, war unbeirrbar von der Notwendigkeit überzeugt, die gesellschaftlichen Verhältnisse radikal zu verändern. Und sie war bereit, diese Veränderungen einzuleiten. Change was the code of the road. Doch hatten nicht alle, wenn sie von Veränderung sprachen, nur »das System« – auch Schweinesystem genannt – im Auge, andere dachten dabei eher an sich selbst. Wiederum andere, zu denen ich gehörte, waren an beidem interessiert.

Eine drogengestützte Reise nach innen und die Begegnung mit einer anderen Realität als der, die wir vorfanden und an der wir uns politisch abarbeiteten, fand ich verlockend. Die Beschäftigung mit Freud, Reich und Marcuse, um einige Einflussagenten zu nennen, hatte den Weg dahin geebnet. Die Chance, für die Dauer einer virtuellen Reise aus allen Zusammenhängen herauszufallen, Distanz herzustellen zu einer Welt, die sich der Zweck-Mittel-Rationalität unterworfen hat, sich zu befreien von ansozialisierten Zwängen, einen Wechsel der Perspektive zuzulassen und in die von einer veränderten Wahrnehmung geschaffene neue Realität einzutauchen, all diese LSD und anderen psychedelischen Drogen zugeschriebenen Eigenschaften klangen höchst verführerisch. Selbsterfahrung war das Stichwort. Auf Selbstverwirklichung war ich nie aus, denn ich hatte bereits verstanden, dass es »kein richtiges Leben in einem falschen« gibt und folglich auch keine Selbstverwirklichung in einer Welt der totalen Entfremdung.

Meine Erfahrungen mit halluzinogenen Drogen haben meine politischen Überzeugungen nicht für eine Sekunde ins Wanken gebracht. Sie haben meinen Blick geschärft und meine Wahrnehmung sensibilisiert, sie haben mir sinnlich erfahrbar gemacht, was mir analytisches Denken schon lange vorher bewusst gemacht hatte: Es gibt mehr als nur eine Realität und folglich auch mehr als nur eine Wahrheit. Den chemisch erzeugten Fehlschaltungen im Hirn und den wilden Assoziationen, die sie auslösten, verdanke ich außergewöhnliche Kommunikationserfahrungen, tiefe Erkenntnisse und starke Gefühle. Sie zu verarbeiten dauerte Tage, Wochen, oft Monate. Ich habe mir die Zeit genommen. Auch wenn ich dem propagandistischen Gerede von einer Bewusstseinserweiterung unter dem Einfluss von LSD immer mit Skepsis begegnet bin, kann ich nicht umhin, die neuen Einsichten, die ich über das Verhältnis von Mensch und Natur gewonnen habe, als eine Bewusstseinserweiterung zu bezeichnen.

Von allem psychedelischen Brimborium habe ich mich stets ferngehalten. Weder fand ich es attraktiv, als Drop-out zu enden, noch sah ich eine Perspektive in der von Timothy Leary propagierten »Politik der Ekstase«. Auch einer psychedelischen Bewegung habe ich mich nie zugehörig gefühlt. Deren kultische Verehrung der Droge als einer Art spiritueller Oblate fand ich immer nur lächerlich. Der Hinweis, dass Menschen im Verlaufe ihrer Entwicklungsgeschichte bestimmte Pflanzen wegen ihrer Heilwirkung oder wegen ihrer psychedelischen Eigenschaften in den Rang eines sakralen Gutes erhoben hätten, beeindruckt mich nicht. Denn diese Pflanzen wurden und werden als ein Geschenk der Natur verehrt. LSD ist Menschenwerk, Produkt eines Chemikers im Dienste der Pharmaindustrie, dem auch noch der Zufall zur Hilfe kam. Dafür sollen sie gelobt werden – der Chemiker wie der Zufall.

Wer sich auf diese Droge einlässt, begibt sich auf eine Gratwanderung und sollte die Absturzgefahr nicht unterschätzen. Was im Prinzip für alle Drogen gilt, gilt in besonderem Maße für LSD. Jemanden zu einem Trip zu verführen oder zu überreden ist unverantwortlich.

Es ist ratsam, Learys Slogan »Just say know« zu befolgen. Die Reise nach seinen Regeln vorzubereiten lohnt sich, auch wenn ich manches, was Leary gesagt und geschrieben hat, für konfus, geschwätzig und reaktionär halte. Je mehr er die ihm angetragene Guru-Rolle annahm und verinnerlichte, desto geringer wurde sein Gefühl für Verantwortung. Zwar hatte er in dem bereits zitierten *Playboy*-Interview sein Einstiegsalter genannt – er war ein Mann »mittleren Alters«, als er seine erste LSD-Erfahrung machte –, in seinen späteren öffentlichen Äußerungen fand sein Einstiegsalter von 39 Jahren jedoch kaum noch Erwähnung. Das ist mehr als nur eine Nachlässigkeit. Es ist ein Versagen. LSD ist eine Droge nur für Erwachsene. Das kann gar nicht oft genug gesagt werden. Denn die Droge zielt unmittelbar auf den Erfahrungsschatz eines Menschen. Sie spielt mit diesen Erfahrungen, verstärkt sie, verzerrt sie und setzt sie neu zusammen, mal in Farbe, mal in Schwarz-Weiß. Glücklich, wer dabei auf einen reichen Erfahrungsschatz zurückgreifen kann. Sonst bleiben nur Erschöpfung und Leere wie nach jedem kräftezehrenden Konsumtrip.[98]

Anmerkungen

[1] Hofmann, A., in: Peter Stafford, Enzyklopädie der psychedelischen Drogen. Linden: Volksverlag, 1980, S. 43

[2] a. a.O., S. 43

[3] a.a.O., S. 45

[4] Hoffer, A., in: Peter Stafford a.a.O., S. 85

[5] Leary,T., Flashbacks. An Autobiographie. A Personal and Cultural History of an Era. New York: G. P. Putnam's Sons, 1983, 1990, S. 141

[6] Houstons J., B. Masters, The Varieties of Psychedelic Experience. In: Peter Stafford a.a.O., S. 75

[7] Stolaroff, M. J., Anerkennung für Dr. Albert Hofmann. In: Albert Hofmann und die Entdeckung des LSD. Hg. Mathias Bröckers und Roger Liggenstorfer. Solothurn: Nachtschatten Verlag, 2006, S. 86

[8] Stafford, P., a.a.O., S. 13

[9] Gelpke, R., Drogen und Seelenerweiterung. München: Kindler Taschenbücher, 1966, S. 83

[10] Stafford, P., a.a.O., Impressum

[11] Leary, T., Politik der Ekstase. Hamburg: Christian Wegner Verlag, 1968, S. 15

[12] Hofmann, A., Wenn man im Paradies lebt, will man ja so schnell nicht weg. In: Albert Hofmann und die Entdeckung des LSD, a.a.O., S. 22

[13] Wiggershaus, R., Die Frankfurter Schule. Geschichte. Theoretische Entwicklung. Politische Bedeutung. München: Carl Hanser Verlag, 1986, S. 406

[14] Mitteilungen des Instituts für Sozialforschung. Heft 10, September 1999, S. 14

[15] Wiggershaus, R., a.a.O., S. 455

[16] Claussen, D., Theodor W. Adorno. Ein letztes Genie. Frankfurt: S. Fischer Verlag, 2003, S. 239

17 Wiggershaus, R., a.a.O., S. 415

18 Dammbeck, L., Das Netz – die Konstruktion des Unabombers. Hamburg: Edition Nautilus, 2005, S. 37

19 Wiggershaus, R., a.a.O., S. 503

20 Steckel, R., Bewusstseinserweiternde Drogen. Eine Aufforderung zur Diskussion. Löhrbach: Edition Rauschkunde, 1969, 1999, 2001, S. 65

21 Leary, T., Flashbacks, a.a.O., S. 372

22 Robbins, T., Point No Point, 6/97

23 Hofmann, A., Wenn das Paradies lebt, a.a.O., S. 73

24 a.a.O. S. 73

25 Leuenberger, M., Bern: Brief vom 10.1.2006

26 Metzinger, T., Trip des Geistes. Zeit online, 16.1.2006

27 Leary, T., Politik der Ekstase, a.a.O. S. 45

28 Robbins, T., a.a.O.

29 Enzensberger, H. M., Einzelheiten. Frankfurt am Main: Suhrkamp Verlag, 1962, S. 13

30 Leary, T., Flashbacks, a.a.O., S. 251

31 Leary, T., Politik der Ekstase, a.a.O., S. 24

32 a.a.O., S. 25

33 a.a.O., S. 25

34 a.a.O., S. 25

35 Amendt, G., Haschisch und Sexualität. Eine empirische Untersuchung über die Sexualität Jugendlicher in der Drogensubkultur. Stuttgart: Ferdinand Enke Verlag, 1974

36 Leary, T., Flashbacks, a.a.O., S. 386

37 a.a.O., S. 160

38 a.a.O., S. 181

39 a.a.O., S. 40

40 a.a.O., S. 260

41 a.a.O., S. 268

42 a.a.O., S. 253

43 Steckel, R., Bewusstseinserweiternde Drogen, S. 12

44 a.a.O., S. 32

45 Thompson, Hunter S., Fear and Loathing in Las Vegas. Angst und Schrecken in Las Vegas. Frankfurt am Main: Zweitausendeins, 1971, S. 265

[46] Steckel, R., a.a.O., S. 18
[47] Vesper, B., Die Reise. Romanessay. März Verlag, 1977, S. 696
[48] a.a.O., S. 513
[49] a.a.O., S. 513
[50] a.a.O., S. 505
[51] a.a.O., S. 506
[52] a.a.O., S. 515
[53] Steckel, R., a.a.O., S. 44
[54] Solomon, D., LSD, The Consciousness-Expanding Drug, New York 1964, zit. bei Steckel, a.a.O., S. 47
[55] Vesper, B., a.a.O., S. 509
[56] a.a.O., S. 510
[57] Steckel, R., a.a.O., S. 102
[58] a.a.O., S. 101
[59] Vesper, B., a.a.O., S. 69
[60] Walser, M., Über die neueste Stimmung im Westen. In: Kursbuch 20, März 1970
[61] Vesper, B., a.a.O., S. 115
[62] a.a.O., S. 574
[63] Süddeutsche Zeitung, 2.8.2006
[64] Musikexpress, 8/07
[65] Sonnenschein, U., Turn on, tune in, drop out. Psychedelische Musik und Drogen. In: Alles so schön bunt hier. Die Geschichte der Popkultur von den Fünfzigern bis heute. Hg. P. Kemper et al. Leipzig: Reclam Verlag, 2002, S. 116
[66] Leary, T., Flashbacks a.a.O., S. 159
[67] Younger than that now. The collected interviews with Bob Dylan. New York: Thunder's Mouth Press, 2004, S. 120
[68] a.a.O., S. 119
[69] Benjamin, W., Über Haschisch. Frankfurt am Main: Suhrkamp Verlag 1972, S. 10
[70] Amendt, G., a.a.O., S. 80
[71] Scholem, G., Walter Benjamin. The Story of a Friendship. New York: Schocken Books, 1981, S. 177
[72] Dylan, B., a.a.O., S. 167
[73] Fukuyama, F., Das Ende des Menschen. Stuttgart München: Deutsche Verlagsanstalt, S. 22

[74] Leary, T., Neuropolitik. Die Soziobiologie der menschlichen Metamorphose. Basel: Sphinx Verlag, 1981, S. 21ff

[75] Bröckers, M., Vom »Open Mind« zur »Open Source«. Wie die Gegenkultur der sechziger Jahre zum Personal Computer und zur unbegrenzten Information führte. Vortrag gehalten in Basel am 14.1.2006

[76] Bröckers, M., Auf dem Weg nach Eleusis. In: Albert Hofmann und die Entdeckung des LSD, S. 117

[77] Süddeutsche Zeitung, 24.6.2002

[78] Wasserman, H., Columbus Free Press (Ohio), 3/6/06

[79] Dammbeck, L., a.a.O., S. 79ff.

[80] a.a.O., S. 67

[81] Pieper, W., Hg. Nazis On Speed. Drogen im 3. Reich. Löhrbach: Edition Rauschkunde, 2002, S. 282

[82] Garz, J., Hg. Halluzinogene im »Sozialismus«. Militärchemie, Synthetische Gifte, Chemische Kampfstoffe. Solothurn: Nachtschatten Verlag, 1998

[83] a.a.O., S. 15

[84] a.a.O., S. 17, 33

[85] a.a.O., S. 15

[86] a.a.O., S. 63

[87] a.a.O., S. 53

[88] a.a.O., S. 34

[89] Steckel, R., a.a.O., S. 62

[90] a.a.O., S. 11

[91] Leary, T., Flashbacks a.a.O., S. 265

[92] a.a.O., S. 267

[93] Grim, R., Slate Magazin, 1.4.2004

[94] Süddeutsche Zeitung, 21.4.2006

[95] Wright, S., Le Monde diplomatique, August 2007

[96] Süddeutsche Zeitung, 29.9.2006

[97] Gelpke, R., a.a.O., S. 244

[98] Amendt, G., in Bröckers/Liggenstorfer, a.a.O., S. 100

Register